7급

해법 급수 한자

천재교육
www.chunjae.co.kr

차례

5 주차　　신체　　·　3

口 面 手 足 心 命 內 力

6 주차　　계절　　·　25

春 夏 秋 冬 時 間 午 夕

7 주차　　식물　　·　47

植 物 花 草 同 色 林 有

8 주차　　자연　　·　69

自 然 天 地 空 氣 川 江 海 世

정답　　·　93

쓰기 노트　　·　98

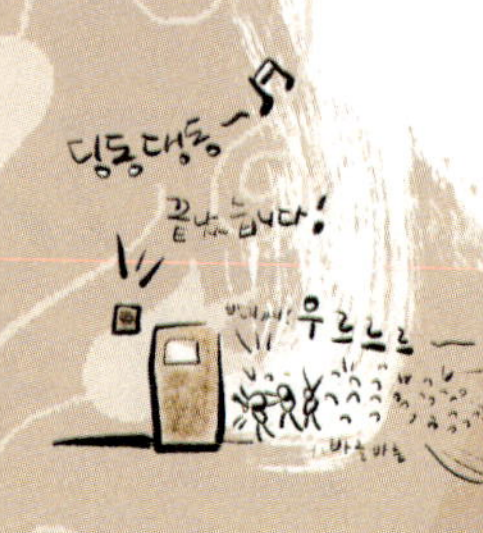

벌리고 있는 입! 口 (입 구)
사람의 얼굴! 面 (낯 면)
사람의 손! 手 (손 수)
무릎 아래 발! 足 (발 족)
콩닥콩닥 내 마음! 心 (마음 심)
명령에 대답하는 사람의 목숨! 命 (목숨 명)
안으로 들어오는 입구! 內 (안 내)
힘쓰는 일은 농기구로! 力 (힘 력)

일정	쪽수	학습 내용
1일차	8~12	한 자씩(口, 面, 手, 足 익히기), 자신 있게(복습)
2일차	13~17	한 자씩(心, 命, 內, 力 익히기), 자신 있게(복습)
3일차	18~19	끝장내기(한자어 쓰기, 4주차 복습)
4일차	20~22	내것 만들기(실전 유형 문제 풀기)
5일차	23~24	기억하기(8급 한자 쓰기, 口, 面, 手, 足, 心, 命, 內, 力 쓰기)

천재 초등학교
운동회
자, 그러면 지금부터 게임 설명을 드릴게요.
먼저 두 명씩 짝을 지어서 양쪽 발을 묶어 주세요.

그리고 두 사람이 발[足]을 맞춰서 저~기에 있는 떡을 입으로만 먹고 오는 거예요.

이렇게 발을 묶으라는 말이지?
足

선생님, 질문 있어요.
아!
그러면 손[手]은 어떻게 해요?
손은 상대방 어깨에 얹어 주세요.
手
아차

이번 주에 배울 한자를 미리 보는 곳입니다. 만화를 통해 아이가 한자를 어려워하거나 지루해 하지 않도록 지도해 주세요.

아빠, 엄마 팀이
먼저 들어오셨네요.
으차

너희들도 잘 했어.
아~아깝다!

어? 저기 내가
좋아하는 수진이가
있네.

정말 예쁘다. 마음[心]에 꼭 들어.
으히힝
心

지금부터 줄다리기를 하겠습니다.
교실 안[內]에 있는 학생들도 모두
밖으로 나와 주시기 바랍니다.
內

줄다리기한대.
우리 가족의
힘[力]을 보여줄
기회가 왔다. 아자!
가
자!

으악~
못 당하겠다.

무슨 힘이 저렇게 쎄!
그냥 우리가
포기하자!

으악!
갑자기 줄을 놓다니……

아이고~
내 목숨〔命〕
살려 줘.

그래도 우리가 이겼다! 으하하하하!

우리가 오늘 운동회
챔피언이에요.

한 자씩 01 02 03 04 05

한자의 모양에 주의해서 쓰도록 지도해 주세요. 한글 ㅁ과는 다르답니다.

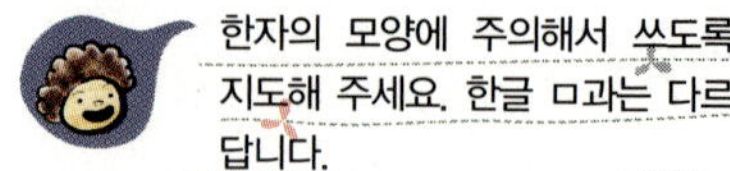

벌리고 있는 입! 口(입 구)

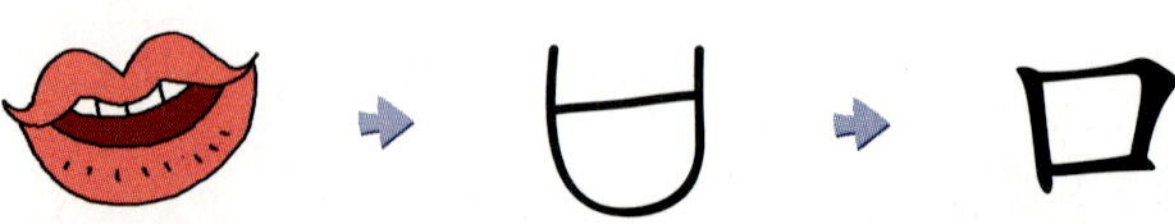

'口'는 입의 모양을 나타낸 글자로, '입'을 뜻합니다.

필순에 따라 쓰며 확실하게 외워 봐요

丨 ㄇ 口

口

훈 입 음 구

(口부, 총 3획)

口	口	口	口	口
입 구	입 구	입 구	입 구	입 구
口	口	口	口	口
입 구	입 구	입 구	입 구	입 구

어떻게 쓰일까?

- 식당의 출구는 저 쪽입니다. 口

* 出口(출구) : 밖으로 나가는 곳

- 중국은 세계에서 인구가 가장 많습니다. 口

* 人口(인구) : 일정한 지역에 사는 사람 수

漢字 퀴즈

● '口'와 같은 음을 가진 한자를 찾아 ○해 보세요.

家 住 九

한자의 필순에 주의하며 쓰도록 해 주세요. 面 이 획을 마지막에 써야 합니다.

사람의 **얼굴**! 面(낯 면)

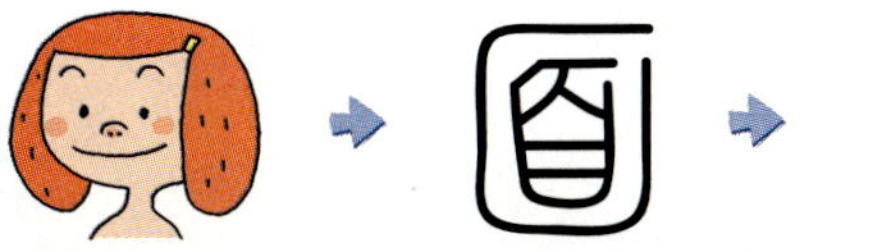

'面'은 사람의 얼굴을 나타낸 글자로, '낯(얼굴)'을 뜻합니다.

필순에 따라 쓰며 확실하게 **외워 봐요**

一 丆 丆 丏 而 而 面 面

훈 **낯** 음 **면**
(面부, 총 9획)

面	面	面	面	面
낯 면	낯 면	낯 면	낯 면	낯 면
面	面	面	面	面
낯 면	낯 면	낯 면	낯 면	낯 면

어떻게 쓰일까?

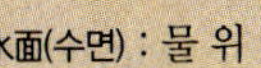

- 수**면**에 내 얼굴이 비쳤습니다.

  面

  *水面(수면) : 물 위
- 사람의 내**면**은 거울로 볼 수 없습니다.

  面

  *內面(내면) : 보이지 않는 마음 속

漢字 퀴즈

다음 동요에서 '面'의 훈에 알맞은 단어를 모두 찾아 ○해 보세요.

제목 - 얼굴

동그라미 그리려다
무심코 그린 얼굴~♪

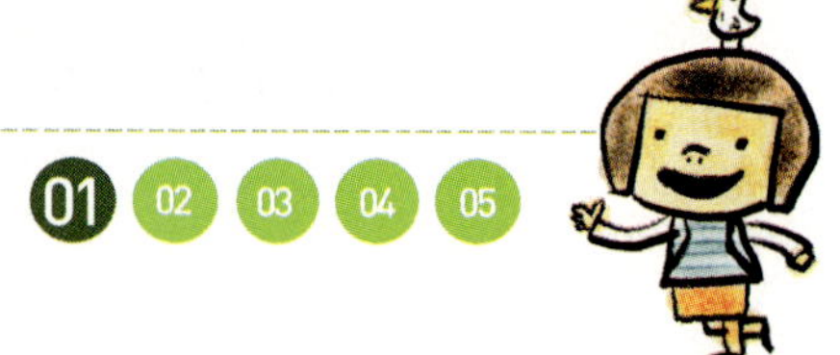

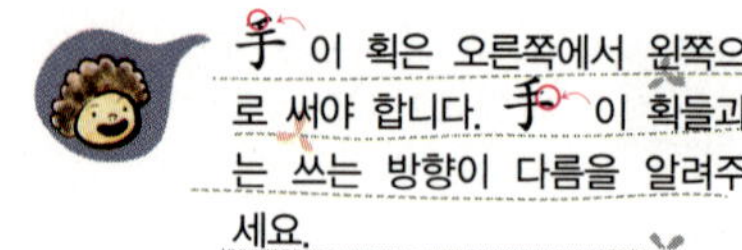

🌼 사람의 손! 手(손 수)

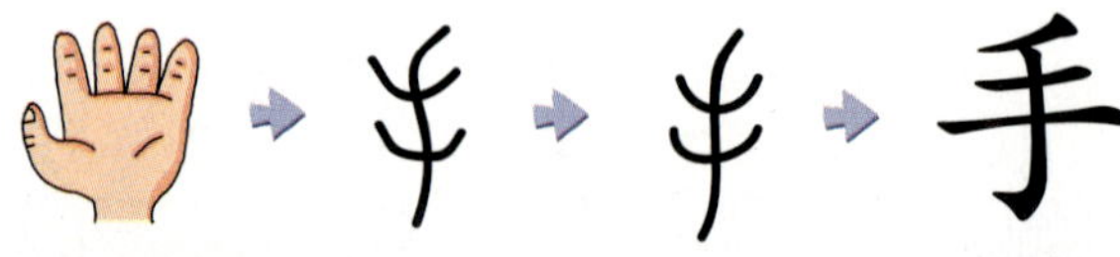

'手'는 다섯 손가락이 모두 그려진 손의 모양을 나타낸 글자로, '손'을 뜻합니다.

필순에 따라 쓰며 확실하게 외워 봐요

一 二 三 手

手

훈 손 음 수

(手부, 총 4획)

手	手	手	手	手
손 수	손 수	손 수	손 수	손 수
手	手	手	手	手
손 수	손 수	손 수	손 수	손 수

어떻게 쓰일까?

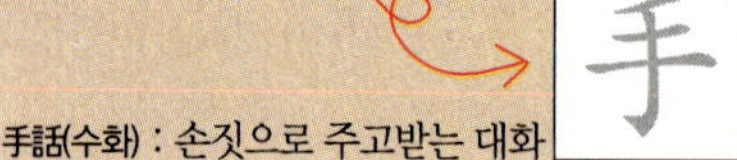

- 내 **수**중에는 오백원이 있습니다.

手

* 手中(수중) : 손바닥 안

- 시각 장애인들은 **수**화로 대화를 합니다.

手

* 手話(수화) : 손짓으로 주고받는 대화

漢字 퀴즈

밑줄 친 단어에 알맞은 한자를 빈 칸에 쓰고, 훈·음을 써 보세요.

코끼리 아저씨는 코가 **손**이래.
과자를 주면은 코로 먹지요~♪

01 02 03 04 05

무릎 아래 발! 足(발 족)

'足'은 다리의 무릎 아래를 나타낸 글자로, '발'을 뜻합니다.

필순에 따라 쓰며 확실하게 외워 봐요

ㅣ ㅁ ㅁ ㅁ ㅁ 足 足

훈 발 음 족

(足부, 총 7획)

足	足	足	足	足
발 족	발 족	발 족	발 족	발 족
足	足	足	足	足
발 족	발 족	발 족	발 족	발 족

어떻게 쓰일까?

- 인형을 만들 찰흙이 부족합니다.

*不足(부족) : 모자라거나 충분하지 않은 것

足

- 엄마의 수족이 되어 드리기로 했습니다.

*手足(수족) : 손과 발

足

漢字 퀴즈

빈 칸에 알맞은 한자를 써 보세요.

농구는 손〔　　　〕으로 골을 넣는 운동이

고, 축구는 발〔　　　〕로 골을 넣는 운동

이에요.

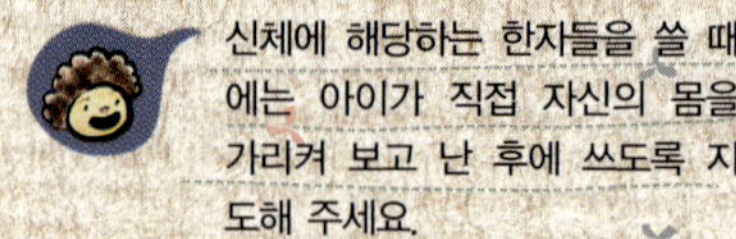

알맞은 한자를 찾아 빈 칸에 써 보세요.

手 足 面 口

口,面,手,足 다시 한번 쓱쓱!

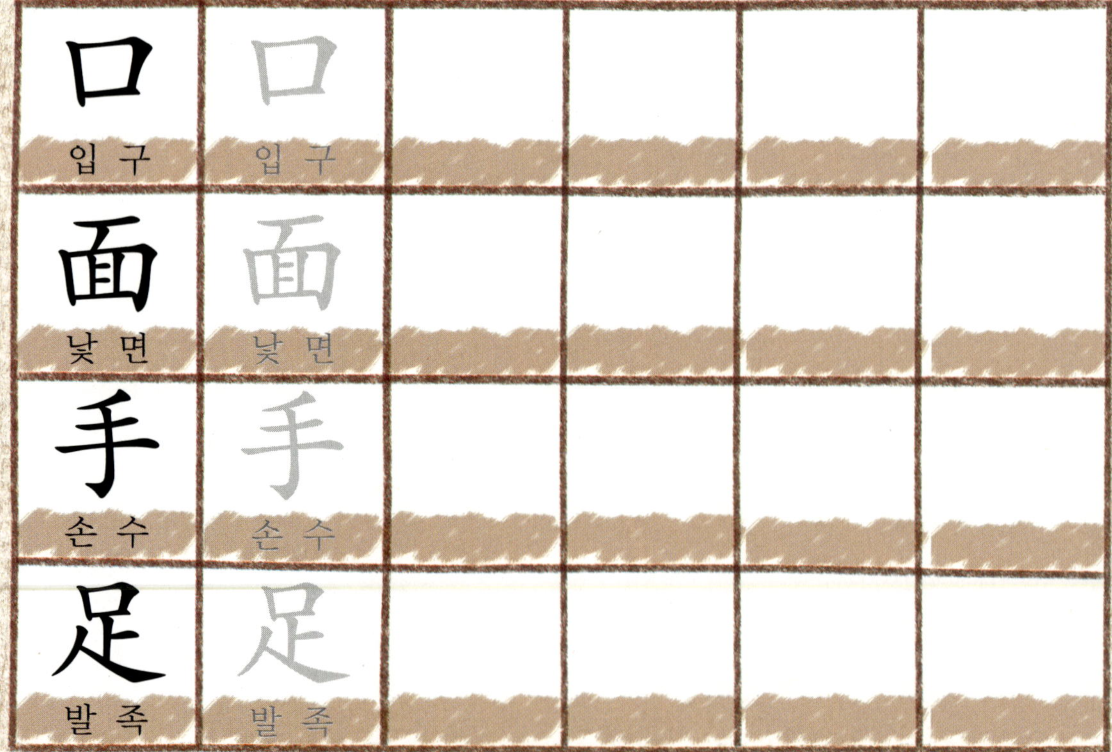

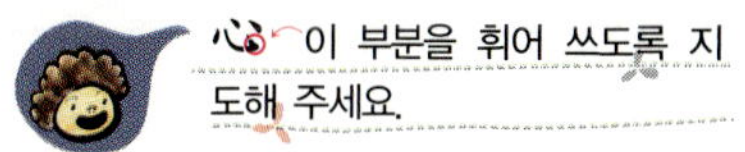

콩닥콩닥 내 마음! 心 (마음 심)

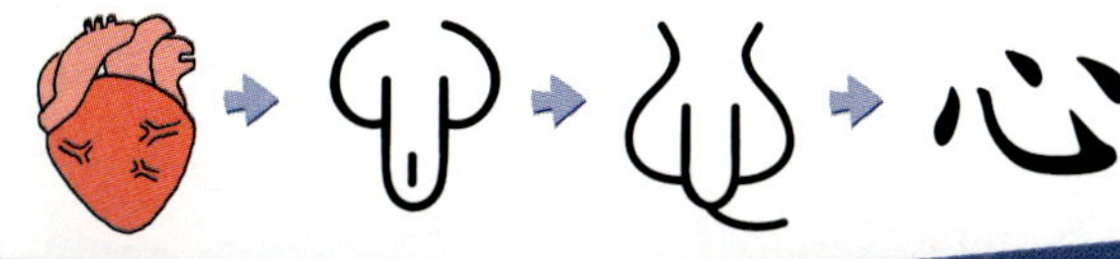

'心'은 심장을 나타낸 글자로, '마음'을 뜻합니다.

필순에 따라 쓰며 확실하게 외워 봐요

훈 마음 음 심

(心부, 총 4획)

어떻게 쓰일까?

- 꽃을 중**심**으로 나비들이 모였습니다.

心

* 中心(중심) : 한가운데

- 대통령은 민**심**을 얻기 위해 노력합니다.

心

* 民心(민심) : 국민들의 마음

漢字 퀴즈

- 밑줄 친 단어에 알맞은 한자를 찾아 ○해 보세요.

옆집 지영이가 나를 좋아한대요.
<u>마음</u>이 설레여요.

 手    面    心

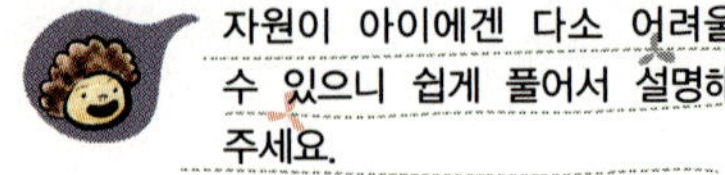

🌸 명령에 대답하는 사람의 **목숨**! 命 (목숨 명)

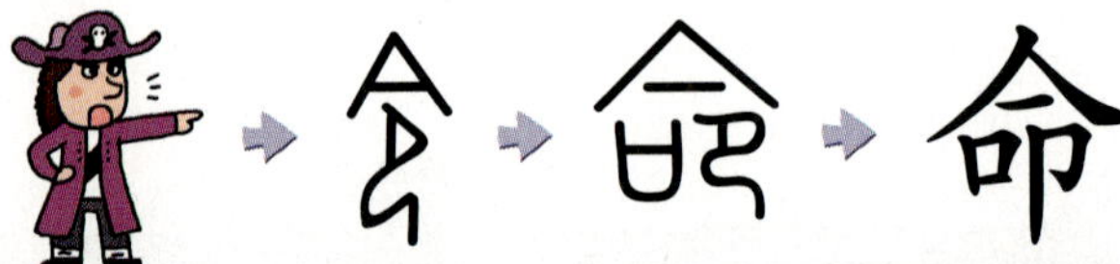

'命'은 명령을 듣고 대답하는 사람의 입을 나타낸 글자로, 대답하는 사람의 '목숨'을 뜻합니다.

필순에 따라 쓰며 확실하게 **외워 봐요**

ノ 人 스 수 슈 슈 命 命

훈 **목숨** 음 **명**

(□부, 총 8획)

命	命	命	命	命
목숨 명	목숨 명	목숨 명	목숨 명	목숨 명
命	命	命	命	命
목숨 명	목숨 명	목숨 명	목숨 명	목숨 명

어떻게 쓰일까?

• 화살이 과녁에 **명**중했습니다.

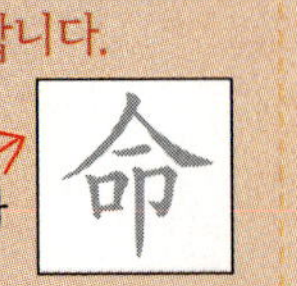

* 命中(명중) : 화살이나 총알이 겨냥한 곳에 바로 맞는 것

• 모든 동물의 생**명**은 소중합니다.

* 生命(생명) : 동물과 식물이 살아 있게 하는 힘

漢字 퀴즈

🌀 밑줄 친 단어에 알맞은 한자를 찾아 ○해 보세요.

"사냥꾼이 쫓아오고 있어요. 제발 저의 **목숨**을 살려 주세요."

 命　　 手　　 足

01 **02** 03 04 05

'內(안 내)'는 '外(바깥 외)'와 뜻이 반대 되는 한자라고 알려 주세요.

안으로 들어오는 입구! 內(안 내)

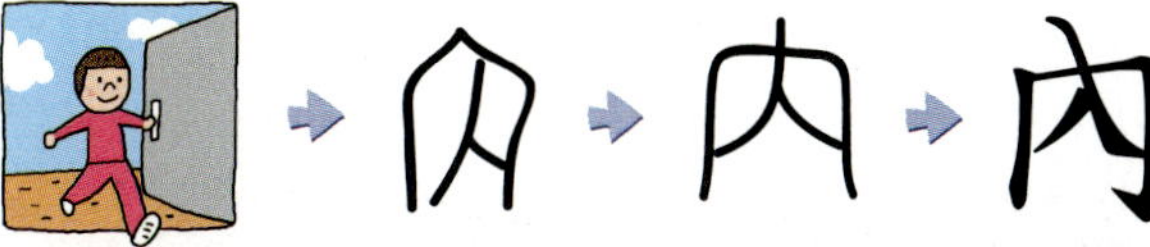
'內'는 집의 입구를 나타낸 글자로, 입구를 통해 안으로 들어간다는 데서 '안'을 뜻합니다.

필순에 따라 쓰며 확실하게 **외워 봐요**

` 丿 冂 冈 內 `

훈 안 **음** 내
(入부, 총 4획)

內	內	內	內	內
안 내	안 내	안 내	안 내	안 내
內	內	內	內	內
안 내	안 내	안 내	안 내	안 내

어떻게 쓰일까?

- 오늘은 실**내**를 청소했습니다. 
  內
  *室內(실내) : 방이나 건물 안
- 시**내**에 있는 장난감 가게에 갔습니다. 
  內
  *市內(시내) : 도시의 안

漢字 퀴즈

밑줄 친 단어에 알맞은 한자를 찾아 〇해 보세요.

> 수호 : 형, 가위 어디에 있어?
> 형 : 내 책상 서랍 **안**에 있을 거야.

 外    內    面

힘쓰는 일은 농기구로! 力 (힘 력)

'力'은 농기구인 가래의 모양을 나타낸 글자로, 농기구를 사용하여 힘을 쓴다는 데서 '힘'을 뜻합니다.

필순에 따라 쓰며 확실하게 외워 봐요

ㄱ 力

力
훈 힘 음 력
(力부, 총 2획)

力	力	力	力	力
힘 력	힘 력	힘 력	힘 력	힘 력
力	力	力	力	力
힘 력	힘 력	힘 력	힘 력	힘 력

어떻게 쓰일까?

- 밥을 많이 먹어야 기**력**이 생깁니다.
  力
- * 氣力(기력) : 활동할 수 있는 힘
- 농촌에는 인**력**이 많이 부족합니다.
  力
- * 人力(인력) : 사람의 힘

漢字 퀴즈

한자의 알맞은 훈·음을 찾아 선으로 이어 보세요.

面 ·　　　· 발 족

足 ·　　　· 힘 력

力 ·　　　· 낯 면

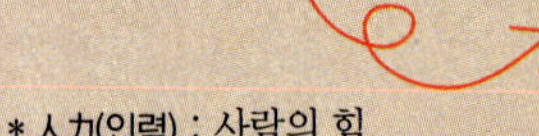

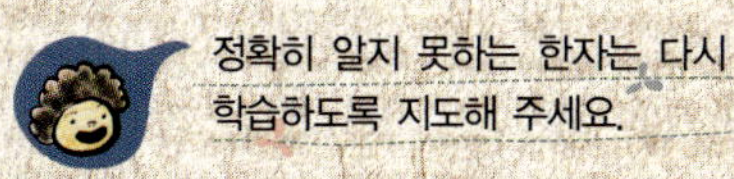

정확히 알지 못하는 한자는 다시 학습하도록 지도해 주세요.

한자에 알맞은 훈·음 또는 훈·음에 알맞은 한자를 빈 칸에 써 보세요.

心, 命, 內, 力 다시 한번 쓱쓱!

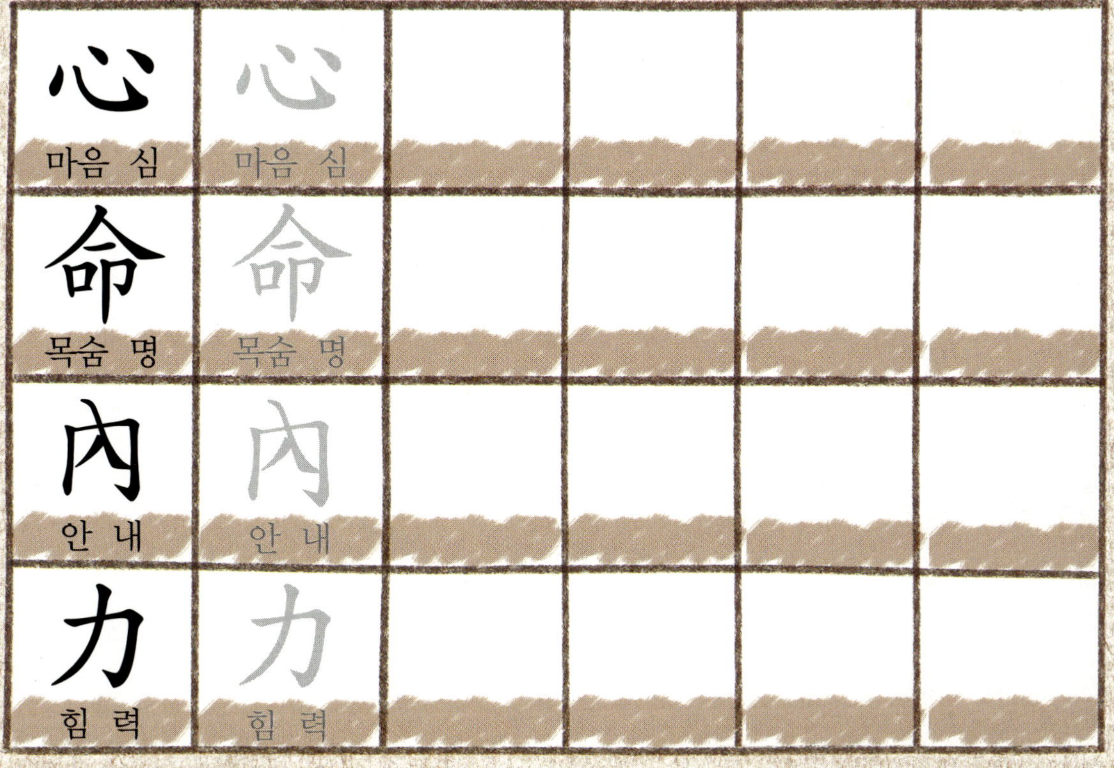

心	心				
마음 심	마음 심				
命	命				
목숨 명	목숨 명				
內	內				
안 내	안 내				
力	力				
힘 력	힘 력				

확인하기
口 입 구 面 낯 면 手 손 수 足 발 족 心 마음 심 命 목숨 명 內 안 내 力 힘 력

한자어를 읽으면서 써 보세요.

> 7급에는 한자어의 뜻을 쓰는 문제도 출제됩니다. 뜻도 정확히 알 수 있도록 지도해 주세요.

手中(수중) : 손바닥의 안

手 中	手 中			
수 중	수 중			

生命(생명) : 동물과 식물이 살아 있게 하는 힘

生 命	生 命			
생 명	생 명			

民心(민심) : 국민들의 마음

民 心	民 心			
민 심	민 심			

手足(수족) : 손과 발

手 足	手 足			
수 족	수 족			

室內(실내) : 방이나 건물의 안

室 內	室 內			
실 내	실 내			

內面(내면) : 물건의 안 쪽, 사람의 마음 속

內 面	內 面			
내 면	내 면			

人力(인력) : 사람의 힘

人 力	人 力			
인 력	인 력			

4주차에서 배운 한자를 모두 기억하고 있나요?
문제를 풀며 확인해 보세요.

다음 그림의 빈 칸에 알맞은 한자어를 찾아 써 보세요.

農村　工場　車道　安全

1 다음 漢字(한자)의 訓(훈:뜻)과 音(음:소리)을 쓰세요.

보기

月 ➡ 달 월

❶ 足 (   ) ❷ 面 (   )

❸ 心 (   ) ❹ 手 (   )

❺ 口 (   ) ❻ 內 (   )

❼ 命 (   ) ❽ 力 (   )

2 다음 漢字語(한자어)의 讀音(독음:읽는 소리)을 쓰세요.

보기

三寸 ➡ 삼촌

❶ 內面 (   ) ❷ 手足 (   )

❸ 手中 (   ) ❹ 人力 (   )

❺ 民心 (   ) ❻ 命中 (   )

❼ 生命 (   ) ❽ 室內 (   )

❾ 車道 (   ) ❿ 安全 (   )

⓫ 農村 (   ) ⓬ 工場 (   )

3 다음 訓(훈:뜻)과 音(음:소리)에 알맞은 漢字(한자)를 쓰세요.

> **보기**
>
> 불 화 ➡ 火

❶ 발 족　（　　　　）　❷ 힘 력　（　　　　）

❸ 안 내　（　　　　）　❹ 입 구　（　　　　）

❺ 손 수　（　　　　）　❻ 낯 면　（　　　　）

❼ 마음 심（　　　　）　❽ 목숨 명（　　　　）

4 다음 문장에서 밑줄 친 단어와 같은 뜻을 지닌 漢字(한자)를 〈보기〉에서 찾아 그 번호를 쓰세요.

> **보기**
>
> ① 面　② 心　③ 足　④ 力

❶ 두 <u>발</u>로 씩씩하게 걸었습니다.　（　　　　）

❷ 세진이는 민호보다 <u>힘</u>이 셉니다.　（　　　　）

❸ 부끄러워서 <u>얼굴</u>이 빨개졌습니다.　（　　　　）

❹ 내 친구 지현이는 <u>마음</u>이 따뜻합니다. （　　　　）

5 다음 문장에서 밑줄 친 단어의 漢字語(한자어)를 〈보기〉에서 찾아 그 번호를 쓰세요.

> **보기**
>
> ① 內面　② 生命　③ 手中　④ 民心

❶ 임금은 <u>민심</u>을 잘 살펴야합니다.　　　（　　　　　）

❷ 민수는 물에 빠진 나를 구해 준 <u>생명</u>의 은인입니다.

（　　　　　）

6 다음 漢字(한자)의 상대 또는 반대 되는 漢字(한자)를 〈보기〉에서 찾아 그 번호를 쓰세요.

> **보기**
>
> ① 手　② 命

❶ （　　　　　） ↔ 足

7 다음 漢字語(한자어)의 뜻을 쓰세요.

❶ 手中 （　　　　　　　　　　）

❷ 室內 （　　　　　　　　　　）

8 

㉠ 획의 쓰는 순서를 아래에서 찾아 그 번호를 쓰세요. （　　　　　）

① 다섯 번째　② 여섯 번째　③ 여덟 번째　④ 아홉 번째

8급 한자 확인하기

8급 배정 한자를 기억하지 못하면 7급에 합격 할 수 없습니다. 꾸준히 학습하도록 지도해 주세요.

8급 시험에 나오는 한자들이에요. 필순에 맞게 써 보세요.

學	學						
배울 학	배울 학						

校	校						
학교 교	학교 교						

長	長						
긴 장	긴 장						

先	先						
먼저 선	먼저 선						

生	生						
날 생	날 생						

敎	敎						
가르칠 교	가르칠 교						

이번 주에 배운 한자를 모두 써 보세요.

口 입구	口 입구					
面 낯면	面 낯면					
手 손수	手 손수					
足 발족	足 발족					
心 마음심	心 마음심					
命 목숨명	命 목숨명					
內 안내	內 안내					
力 힘력	力 힘력					

새싹이 나는 봄! 春 (봄 춘)
뜨거운 여름! 夏 (여름 하)
농작물을 보호해야 하는 가을! 秋 (가을 추)
계절의 마지막 겨울! 冬 (겨울 동)
해가 지나가는 때! 時 (때 시)
문틈 사이로 떠오르는 해! 間 (사이 간)
절구는 낮에 빻아라! 午 (낮 오)
달이 뜨는 저녁! 夕 (저녁 석)

🌼 일정	🌼 쪽수	🌼 학습 내용
1일차	30~34	한 자씩(春, 夏, 秋, 冬 익히기), 자신 있게(복습)
2일차	35~39	한 자씩(時, 間, 午, 夕 익히기), 자신 있게(복습)
3일차	40~41	끝장내기(한자어 쓰기, 5주차 복습)
4일차	42~44	내것 만들기(실전 유형 문제 풀기)
5일차	45~46	기억하기(8급 한자 쓰기, 春, 夏, 秋, 冬, 時, 間, 午, 夕 쓰기)

어? 문틈 사이[間]로 바람이 들어오네. 문을 꼭 닫아야겠다.
間

와~ 눈이 오네! 우리 빨리 밥 먹고 밖에 나가서 눈싸움 하자.

와~ 신난다. 빨리 먹고 나가야지.
나는 그만 먹을래.
벌떡

너희들, 밥을 그렇게 남기거나 흘리면서 먹으면 어떡해?
왜? 쌀은 다시 사면되잖아.
쌀통에도 쌀은 많은데…….

만화 속의 한자들을 보면서 앞으로 배우게 될 내용들에 대해 미리 생각해 보게 해 주세요.

봄〔春〕이 되면 싹을 틔워 논에 모를 심고,

여름〔夏〕이면 뜨거운 햇볕 아래에서 논에 물을 주시지.

가을〔秋〕이 되면 누렇게 익은 벼를 거둬들여서,

겨울〔冬〕이 되기 전에 모두 창고에 저장해 두는 거라고.

농부 아저씨들 덕분에 우리가 추운 겨울에도 이렇게 배불리 밥을 먹을 수 있는 거라고.
아, 그렇구나……. 쌀 한 톨도 남기지 말고 다 먹어야지.
역시 우리 형은 똑똑해. 내가 더 깨끗하게 먹을 거야.
오빠, 다 먹었어.
이제 나가서 눈싸움 하자~
야~ 신난다~
형, 영희가 뒤돌아 서 있을 때〔時〕 뒤에서 먼저 공격하자.
좋아!
와~
와~
時

펙
펙
앙~
오빠들 미워!
어, 이게 아닌데?
미안하면 눈사람 다섯 개 만들어 줘!
그, 그래……
히히
히히
빠빨리 빠빨리~
벌써 캄캄해졌네. 이제 집에 가자. 저녁〔夕〕 늦게 들어가면 아빠한테 야단맞을 거야.
그, 그래……
夕
와~ 내 눈사람! 내일 낮〔午〕에도 눈이 많이 내렸으면 좋겠어~
午

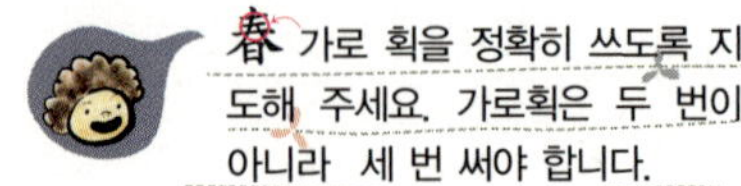

새싹이 나는 봄! 春(봄 춘)

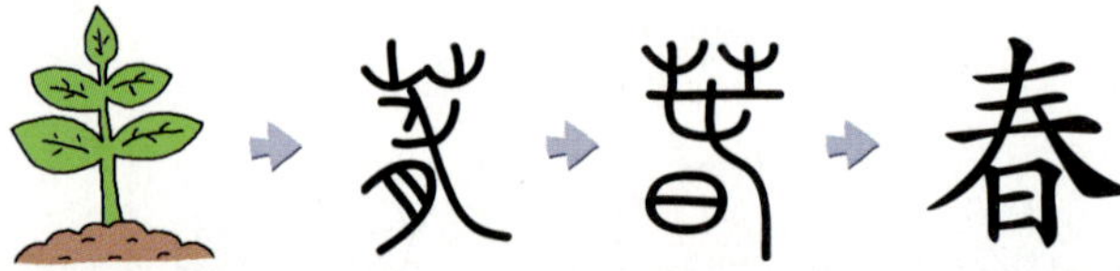

'春'은 새싹이 나는 모양을 나타낸 글자로, '봄'을 뜻합니다.

필순에 따라 쓰며 **확실하게 외워 봐요**

一 二 三 声 夫 未 未 春 春 春

훈 봄 음 춘
(日부, 총 9획)

어떻게 쓰일까?

• 모든 산에 **춘**색이 뚜렷합니다.

春

*春色(춘색) : 봄의 아름다운 빛

• 봄이 시작되는 입**춘**이 기다려집니다.

春

*立春(입춘) : 봄이 시작되는 날

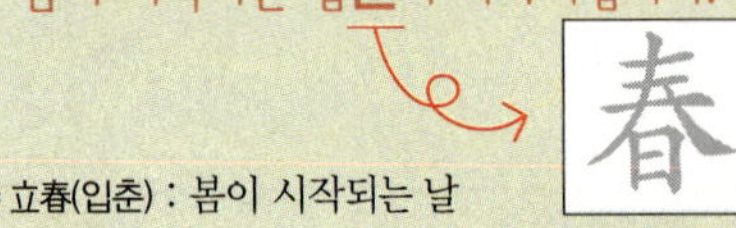 漢字 퀴즈

다음 한자어의 음을 빈 칸에 쓰고, 한자어의 뜻을 읽어 보세요.

春秋(◯ 추)

① 봄과 가을
② '어른의 나이'의 높임말

 夏 이 획을 길게 쓰도록 지도해 주세요.

뜨거운 여름! 夏(여름 하)

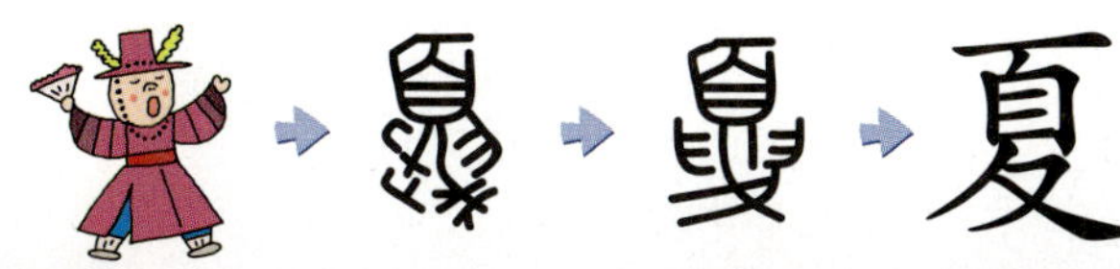

'夏'는 무당이 여름에 비를 내려달라고 춤을 추는 모양을 나타낸 글자로, '여름'을 뜻합니다.

필순에 따라 쓰며 확실하게 **외워 봐요**

一 丁 丆 丙 丙 百 百 夏 夏 夏

夏
훈 여름 **음** 하
(夊부, 총 10획)

여름 하 · 여름 하 · 여름 하 · 여름 하 · 여름 하

여름 하 · 여름 하 · 여름 하 · 여름 하 · 여름 하

어떻게 쓰일까?

• 입**하**가 지나 날이 더워졌습니다.

＊立夏(입하) : 여름이 시작되는 날
• 춘**하**에는 꽃 축제가 많이 열립니다.
＊春夏(춘하) : 봄과 여름

漢字 퀴스

'夏'의 훈·음을 빈 칸에 쓰고, '夏'와 음이 같은 한자를 찾아 ○해 보세요.

夏  

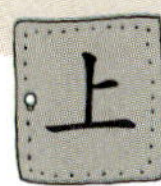 上  中 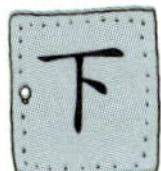 下

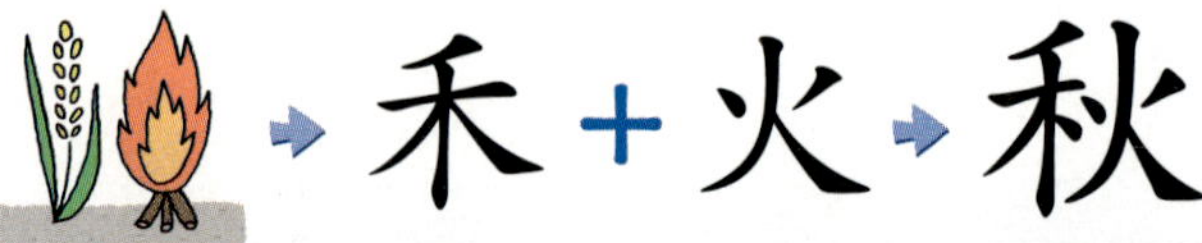

'秋'는 가을에는 메뚜기를 불〔火〕에 태워 농작물〔禾〕을 보호해야 한다는 데서 '가을'을 뜻합니다.

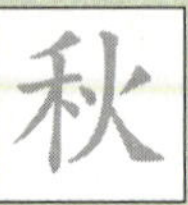

어떻게 쓰일까?

계절의 마지막 겨울! 冬 (겨울 동)

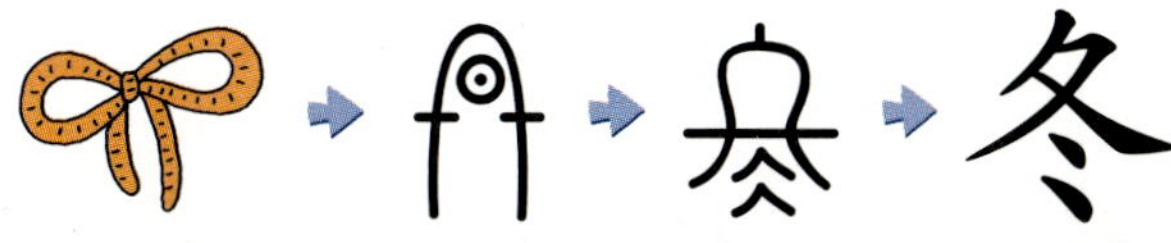

'冬'은 실의 마지막 매듭 부분을 나타낸 글자
로, '겨울'을 뜻합니다.

ノ ク 夂 冬 冬

훈 겨울 음 동

(冫부, 총 5획)

冬	冬	冬	冬	冬
겨울 동	겨울 동	겨울 동	겨울 동	겨울 동
冬	冬	冬	冬	冬
겨울 동	겨울 동	겨울 동	겨울 동	겨울 동

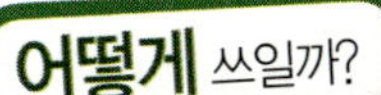

- 입동이 다가와 겨울옷을 꺼냈습니다.

冬

*立冬(입동) : 겨울이 시작되는 날
- 우리 나라는 춘하추동 사계절이 뚜렷합니다.

冬

*春夏秋冬(춘하추동) : 봄, 여름,
가을, 겨울

밑줄 친 단어에 알맞은 한자를 빈 칸에 써
보세요.

올 겨울〔   〕에는 썰매를

마음껏 타고 싶습니다.

자신있게 漢字 끝내기

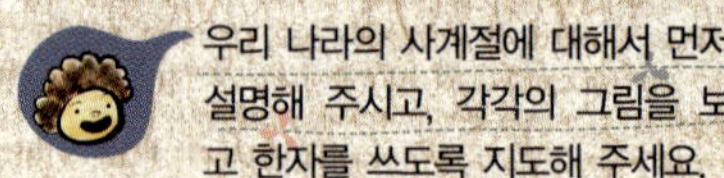

우리 나라의 사계절에 대해서 먼저 설명해 주시고, 각각의 그림을 보고 한자를 쓰도록 지도해 주세요.

그림의 계절에 알맞은 한자를 빈 칸에 써 보세요.

봄

여름

가을

겨울

春 夏 秋 冬 다시 한번 쓱쓱!

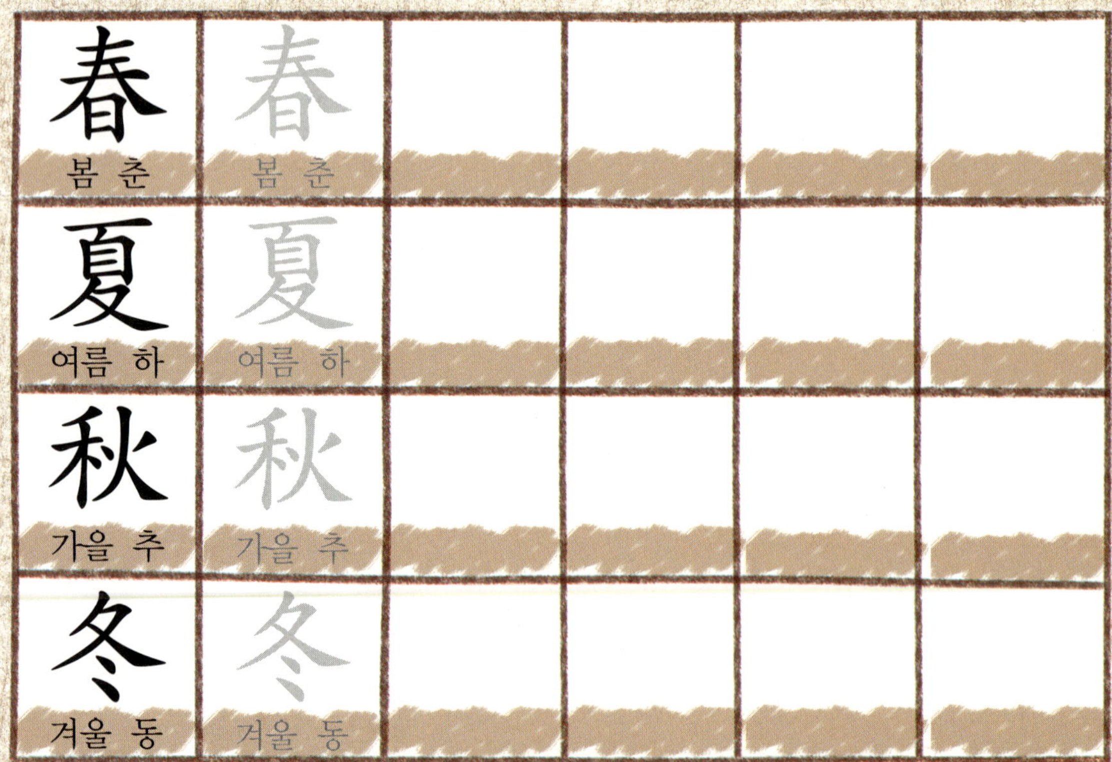

春	春				
봄 춘	봄 춘				
夏	夏				
여름 하	여름 하				
秋	秋				
가을 추	가을 추				
冬	冬				
겨울 동	겨울 동				

확인하기

春 봄 춘 夏 여름 하 秋 가을 추 冬 겨울 동

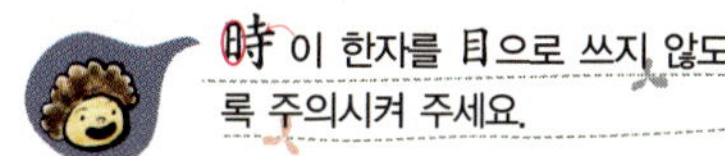

해가 지나가는 **때** 時 (때 시)

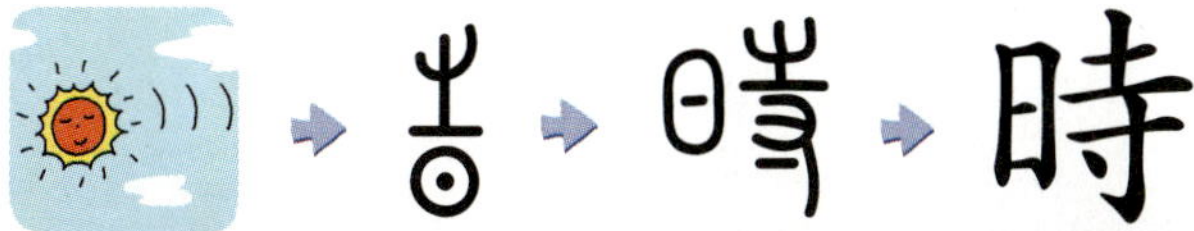

🌞 ➡ 훙 ➡ 晴 ➡ 時

'時'는 해〔日〕가 지나가는 것〔寺〕을 나타낸 글
자로, '때'를 뜻합니다.

필순에 따라 쓰며
확실하게 **외워 봐요**

| ㅣ | ㄲ | 刀 | 日 | 旷 | 旷 | 旷 | 旷 | 時 | 時 |

時 (때 시)
훈 때 **음** 시
(日부, 총 10획)

時	時	時	時	時
때 시	때 시	때 시	때 시	때 시
時	時	時	時	時
때 시	때 시	때 시	때 시	때 시

어떻게 쓰일까?

- 아기들이 동**시**에 울기 시작했습니다.

  時

  *同時(동시) : 같은 때
- 간식 **시**간에 빵과 우유를 먹었습니다.

  時

  *時間(시간) : 어떤 시각에서 다른
  시각까지의 동안

漢字 퀴즈

'時'의 음을 빈 칸에 써 넣어 단어를 완성해
보세요.

 계

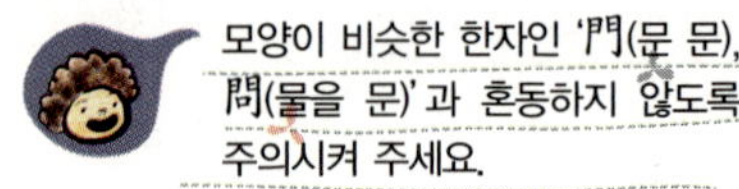

문틈 **사이**로 떠오르는 해! 間(사이 간)

門 + 日 → 間

'間'은 문(門)틈 사이로 해(日)가 떠오르는 것을 나타낸 글자로, '사이'를 뜻합니다.

필순에 따라 쓰며 **확실하게 외워 봐요**

丨 冂 冂 冂 冂 門 門 門 門 閂 閂 間

間

훈 **사이** 음 **간**

(門부, 총 12획)

間	間	間	間	間
사이 간	사이 간	사이 간	사이 간	사이 간
間	間	間	間	間
사이 간	사이 간	사이 간	사이 간	사이 간

어떻게 쓰일까?

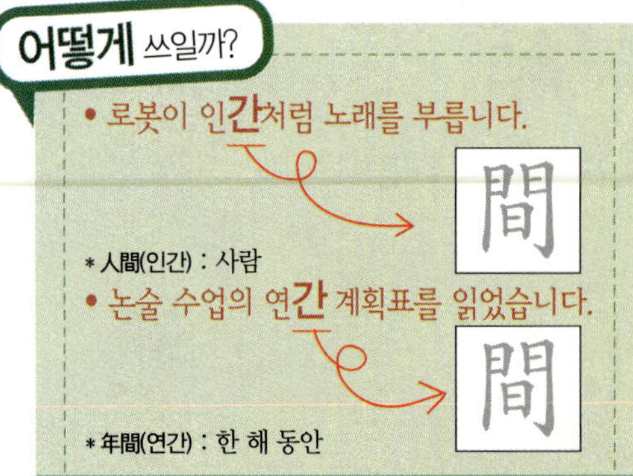

漢字 퀴즈

다음 한자어의 알맞은 음을 빈 칸에 써 보세요.

두 時間(〇〇) 동안

한자 공부를 열심히 하였습니다.

'午'를 쓸 때, 牛 이렇게 쓰지 않
도록 주의시켜 주세요. 훈·음이
전혀 다른 '牛(소 우)'가 됩니다.

절구는 **낮**에 빻아라! 午(낮 오)

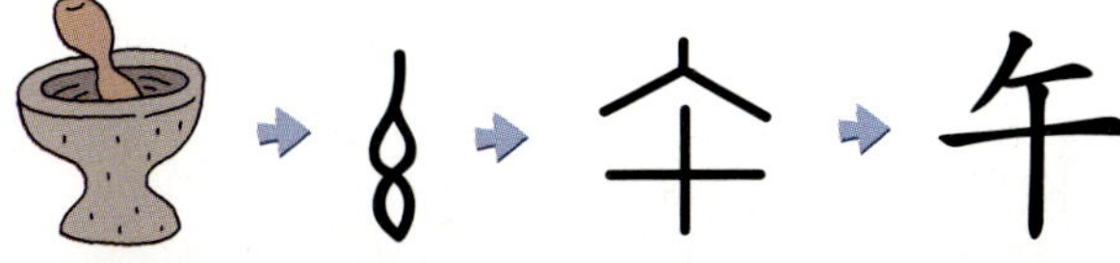

'午'는 절구의 모양을 나타낸 글자로, '낮'을
뜻합니다.

필순에 따라 쓰며 확실하게 외워 봐요

午

훈 낮 음 오

(十부, 총 4획)

午	午	午	午	午
낮 오	낮 오	낮 오	낮 오	낮 오
午	午	午	午	午
낮 오	낮 오	낮 오	낮 오	낮 오

어떻게 쓰일까?

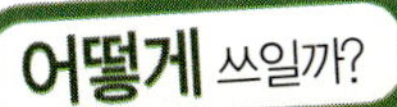

• 오늘 수업은 **오**전에 끝났습니다.

午

*午前(오전) : 낮 12시 전

• 친구들과 **오**후에 축구를 했습니다.

午

*午後(오후) : 낮 12시 이후

漢字 퀴즈

한자의 알맞은 훈을 찾아 선으로 이어 보세요.

時 • · 낮

春 • · 때

午 • · 봄

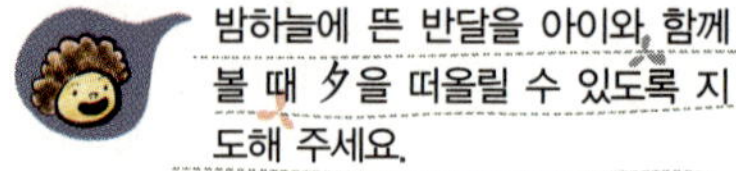

달이 뜨는 저녁! 夕(저녁 석)

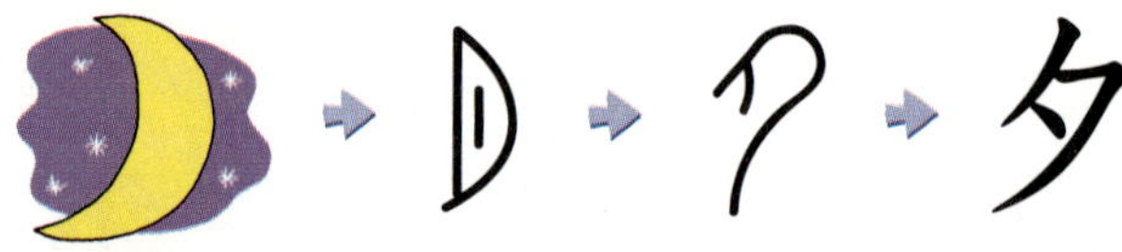

'夕'은 반달의 모양을 나타낸 글자로, '저녁'을 뜻합니다.

ノ ク 夕

夕	夕	夕	夕	夕
저녁 석	저녁 석	저녁 석	저녁 석	저녁 석
夕	夕	夕	夕	夕
저녁 석	저녁 석	저녁 석	저녁 석	저녁 석

훈 저녁   음 석

(夕부, 총 3획)

어떻게 쓰일까?

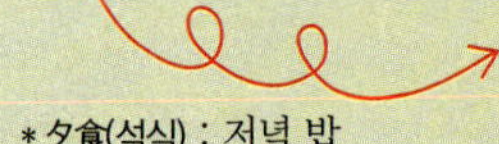

- 오늘은 7월 7일 칠**석**입니다.

*七夕(칠석) : 음력 7월 7일, 견우와 직녀가 만나는 날

- **석**식으로 카레밥을 먹었습니다.

*夕食(석식) : 저녁 밥

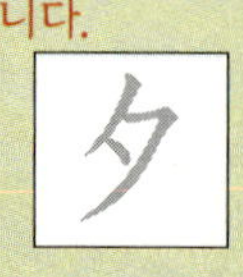

漢字 퀴즈

다음 한자들의 훈 · 음을 써 보세요.

午

훈·음 _______________

夕

훈·음 _______________

한주 동안 배운 한자를 확인하는 문제입니다. 한자의 훈·음을 정확히 쓰도록 지도해 주세요.

한자의 알맞은 훈·음을 빈 칸에 써 보세요.

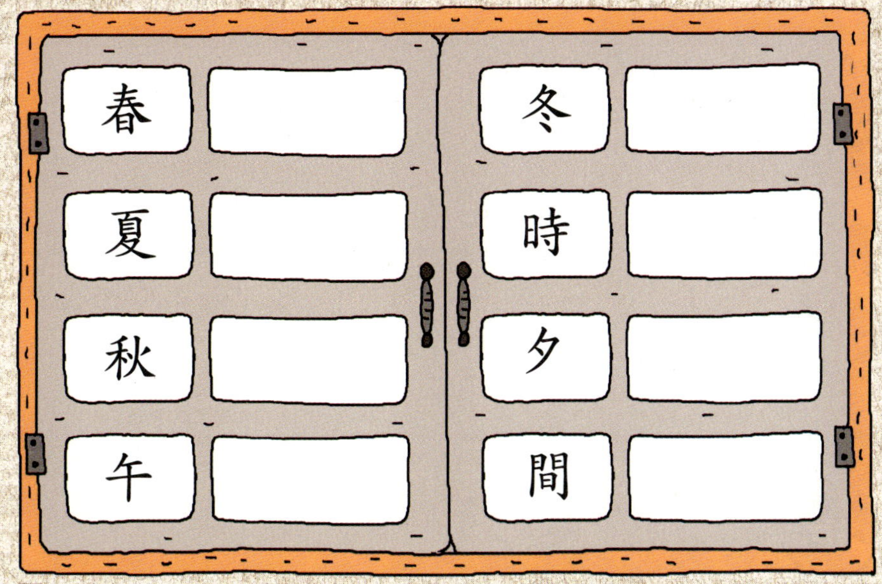

時, 間, 午, 夕 다시 한번 쓱쓱!

時	時				
때 시	때 시				
間	間				
사이 간	사이 간				
午	午				
낮 오	낮 오				
夕	夕				
저녁 석	저녁 석				

확인하기
春봄 춘 夏여름 하 秋가을 추 冬겨울 동 時때 시 間사이 간 午낮 오 夕저녁 석

끝장내기

🌐 한자어를 읽으면서 써 보세요.

시험에 자주 출제되는 한자어입니다. 한자어의 음과 함께 읽으며 쓰도록 지도해 주세요.

春秋(춘추) : 봄과 가을. '어른의 나이'를 높여 부르는 말

春秋	春秋			
춘 추	춘 추			

春色(춘색) : 봄의 아름다운 빛

春色	春色			
춘 색	춘 색			

秋夕(추석) : 우리 나라 민속 명절. 음력 8월 15일

秋夕	秋夕			
추 석	추 석			

時間(시간) : 어떤 시각에서 다른 시각까지의 동안

時間	時間			
시 간	시 간			

午前(오전) : 아침부터 낮 12시 까지

午前	午前			
오 전	오 전			

午後(오후) : 정오부터 해가 질 때까지

午後	午後			
오 후	오 후			

春夏秋冬(춘하추동) : 봄, 여름, 가을, 겨울

春夏秋冬	春夏秋冬	
춘 하 추 동	춘 하 추 동	

지난 주에 배운 한자들도 잊지 않도록 꾸준히 학습시켜 주세요. 혹시 모르는 한자가 있다면 꼭 다시 익히도록 해 주세요.

5주차 되새김 5주차에서 배운 한자를 모두 기억하고 있나요? 문제를 풀며 확인해 보세요.

그림에 알맞은 한자를 찾아 선으로 잇고, 한자의 훈·음을 빈 칸에 써 보세요.

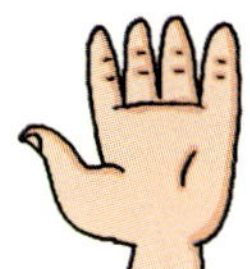

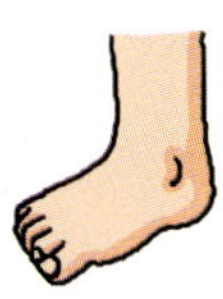

한자의 훈·음이 바르게 쓰인 퍼즐 조각을 찾아 ○해 보세요.

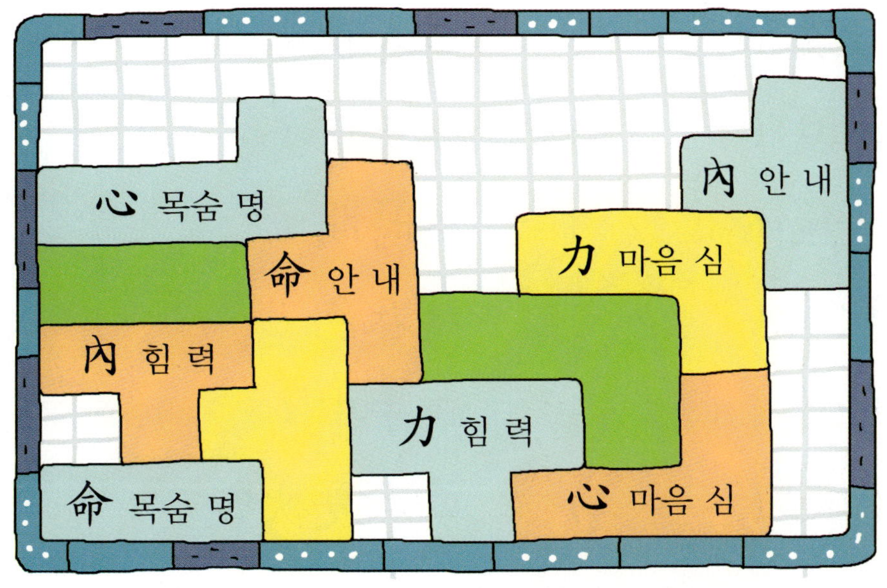

41

내 것 만들기

틀린 문제의 한자는 꼭 다시 학습해서 다음에는 틀리지 않도록 지도해 주세요.

1 다음 漢字(한자)의 訓(훈:뜻)과 音(음:소리)을 쓰세요.

보기

음 ➡ 소리 음

❶ 夏 (   )   ❷ 午 (   )

❸ 時 (   )   ❹ 夕 (   )

❺ 春 (   )   ❻ 秋 (   )

❼ 冬 (   )   ❽ 間 (   )

'夏'는 '여름'이라는 뜻이고 '하'라고 읽으니까 한자의 훈·음은 ❶夏(여름 하)가 됩니다. 다른 문제들도 이렇게 풀어 보세요.

2 다음 漢字語(한자어)의 讀音(독음:읽는 소리)을 쓰세요.

보기

漢字 ➡ 한자

❶ 秋夕 (   )   ❷ 春秋 (   )

❸ 春夏 (   )   ❹ 午前 (   )

❺ 午後 (   )   ❻ 時間 (   )

❼ 秋冬 (   )   ❽ 春色 (   )

'秋'의 훈·음은 '가을 추'이고, '夕'의 훈·음은 '저녁 석'이니까 두 한자의 음만 읽으면 ❶秋夕(추석)이 되겠지요? 다른 문제들도 훈·음을 떠올리며 풀어 보세요.

❾ 手足 (   )   ❿ 手中 (   )

⓫ 內面 (   )   ⓬ 春夏秋冬 (   )

3 다음 訓(훈:뜻)과 音(음:소리)에 알맞은 漢字(한자)를 쓰세요.

> **보기**
>
> 글자 자 ➡ 字

❶ 때 시 (　　　　) ❷ 낮 오 (　　　　)

❸ 봄 춘 (　　　　) ❹ 여름 하 (　　　　)

❺ 겨울 동 (　　　　) ❻ 사이 간 (　　　　)

❼ 가을 추 (　　　　) ❽ 저녁 석 (　　　　)

4 다음 漢字語(한자어)의 뜻을 쓰세요.

❶ 秋冬 (　　　　　　　　)

❷ 時間 (　　　　　　　　)

❸ 春夏 (　　　　　　　　)

5 다음 漢字(한자)의 상대 또는 반대 되는 漢字(한자)를 〈보기〉에서
찾아 그 번호를 쓰세요.

> **보기**
>
> ① 冬　② 午　③ 秋　④ 間

❶ 春 ↔ (　　　　)

❷ 夏 ↔ (　　　　)

6 다음 문장에서 밑줄 친 단어의 漢字語(한자어)를 〈보기〉에서 찾아 그 번호를 쓰세요.

> **보기**
>
> ① 時間　② 秋夕　③ 夏冬　④ 春秋

❶ 친구들과 두 <u>시간</u> 동안 야구를 하였습니다.　(　　　　)

❷ 어머니께서 <u>춘추</u>복으로 입을 점퍼를 사 주셨습니다.

(　　　　)

7 다음 문장에서 밑줄 친 단어와 같은 뜻을 지닌 漢字(한자)를 〈보기〉에서 찾아 그 번호를 쓰세요.

> **보기**
>
> ① 夏　② 午　③ 冬　④ 夕

❶ <u>여름</u>이라 햇볕이 뜨겁습니다.　(　　　　)

❷ 흰 눈이 펑펑 내리는 <u>겨울</u>이 기다려집니다.　(　　　　)

❸ 어머니께서 맛있는 <u>저녁</u>을 해 주셨습니다.　(　　　　)

❹ 오늘은 일 년 중에서 <u>낮</u>이 가장 짧은 날입니다. (　　　　)

8 時 ㉠ 획의 쓰는 순서를 아래에서 찾아 그 번호를 쓰세요. (　　　　)

① 다섯 번째　② 여섯 번째　③ 일곱 번째　④ 여덟 번째

🥬 8급 시험에 나오는 한자들이에요. 필순에 맞게 써 보세요.

一 厂 厅 厅 甫 車 東 東

東 東

동녘 동 | 동녘 동

一 厂 厅 西 西 西

西 西

서녘 서 | 서녘 서

一 十 广 六 內 內 南 南 南

南 南

남녘 남 | 남녘 남

丨 丬 ⺅ 圠 北

北 北

북녘 북 | 북녘 북

一 二 丰 主 丯 青 青 青

青 青

푸를 청 | 푸를 청

丨 山 山

山 山

메 산 | 메 산

한 주 동안 배운 한자를 차분히 써 보며 아이가 확실하게 모든 한자를 익힐 수 있도록 지도해 주세요.

이번 주에 배운 한자를 모두 써 보세요.

春	春					
봄 춘	봄 춘					

夏	夏					
여름 하	여름 하					

秋	秋					
가을 추	가을 추					

冬	冬					
겨울 동	겨울 동					

時	時					
때 시	때 시					

間	間					
사이 간	사이 간					

午	午					
낮 오	낮 오					

夕	夕					
저녁 석	저녁 석					

7주차 식물 배우기

나무를 심자! **植** (심을 식)

소〔牛〕는 가장 중요한 **물건**! **物** (물건 물)

풀이 자라고 변해서 **꽃**이 되다! **花** (꽃 화)

햇빛 받고 자라는 **풀**! **草** (풀 초)

그릇과 그릇의 뚜껑은 **한가지**! **同** (한가지 동)

엎드리니 변하는 얼굴**빛**! **色** (빛 색)

나무가 많은 **수풀**! **林** (수풀 림)

손에 **있는** 고기! **有** (있을 유)

🌼 일정	🌼 쪽수	🌼 학습 내용
1일차	52~56	한 자씩(植, 物, 花, 草 익히기), 자신 있게(복습)
2일차	57~61	한 자씩(同, 色, 林, 有 익히기), 자신 있게(복습)
3일차	62~63	끝장내기(한자어 쓰기, 6주차 복습)
4일차	64~66	내것 만들기(실전 유형 문제 풀기)
5일차	67~68	기억하기(8급 한자 쓰기, 植, 物, 花, 草, 同, 色, 林, 有 쓰기)

애들아, 식목일 아침이다. 나무 심어야지!
산으로 가는 거예요?
마당에다 심을거야. 다들 얼른 옷 입고 나오렴~

자, 아빠가 시범을 보일테니 보고 따라 하렴.
네~ 재미있겠다.

나무를 심은 [植] 다음에는 이렇게 흙으로 잘 덮어 줘야 한단다.
植

저도 해 볼래요.
허허
그런데 쟤는 저기서 뭐 하는 거야?

아빠, 이것 좀 보세요.
뭐?

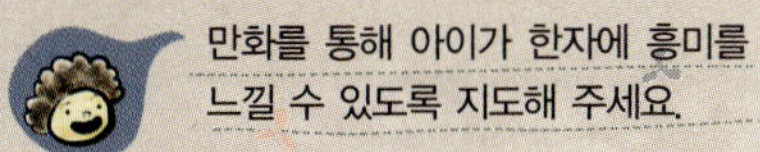
만화를 통해 아이가 한자에 흥미를
느낄 수 있도록 지도해 주세요.

草花
어제는 여기에 그냥
풀[草]만 있었는데.

오늘은 꽃[花]도
있어요!

하하, 밤새 꽃이 피었나 보구나.
우와!
하 하

그러면 저는 나무 말고
꽃을 심을래요!
그러렴.
하 하

무슨 꽃을 심을까? 그래,
노란 빛[色]이 나는
해바라기를 심어야지.
色

어? 그런데
화분은 어디에 있지?

아! 그래.
부엌이야.

랄랄라!

여기에다 꽃을 심어야지~ 그릇에 뚜껑도
있고, 한가지 〔同〕 종류라 딱맞네.
히히
히히
同

아휴~
나무 심는 것도 쉽진 않네.
응!

아빠,
우리 집도 숲〔林〕 처럼
나무가 많았으면 좋겠어요.
林

으악! 여보~
응?
!?

집에 없어진 물건[物]이 있어요!
응?
物

이 고기가 담겨 있던[有] 그릇이 없어졌다고요!
아~ 그릇.
有

혹시 저거 말하는거야?
룰루

저게 왜 여기 있어요?
냄비에 예쁜 꽃을 심을 거래.
허허

🌼 나무를 심자! 植(심을 식)

'植'은 나무를 심는 것을 나타낸 글자로, '심다'를 뜻합니다.

필순에 따라 쓰며 확실하게 **외워 봐요**

一 十 十 木 オ 朽 朽 柿 柿 植 植 植

植	植	植	植	植
심을식	심을식	심을식	심을식	심을식
植	植	植	植	植
심을 식	심을 식	심을 식	심을 식	심을 식

植

훈 심을   음 식

(木부, 총 12획)

어떻게 쓰일까?

• 4월 5일은 **식**목일입니다.

植

*植木日(식목일) : 나무 심는 날
• 뒷산에서 **식**물을 채집했습니다.

植

*植物(식물) : 흙에서 자라는 풀이나 나무

漢字 퀴즈

다음 단어들에 공통으로 들어가는 글자에 ○하고, 그 글자의 알맞은 한자와 훈 · 음을 써 보세요.

식목일   식물

자원을 쉽게 이해할 수 있도록 시골에서는 소가 귀한 동물이라고 설명해 주세요.

소〔牛〕는 가장 중유한 **물건**! 物 (물건 **물**)

牛 + 勿 ➛ 物

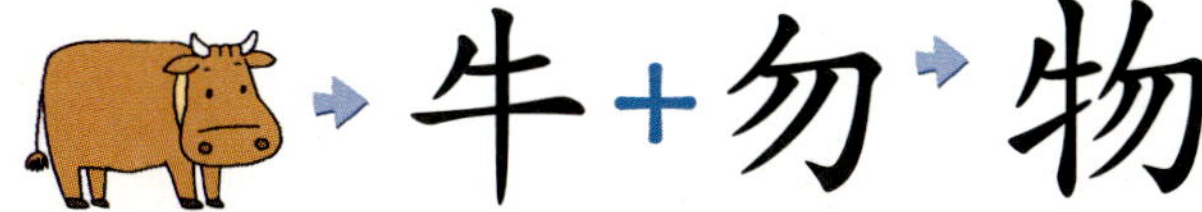
'物'은 소〔牛〕는 없어서는 안 될〔勿〕 가장 중요한 물건이라는 데서 '물건'을 뜻합니다.

필순에 따라 쓰며 확실하게 **외워 봐요**

` ' ㄴ ㅓ 牛 牜 牞 物 物 `

物

훈 물건 **음** 물

(牛부, 총 8획)

物	物	物	物	物
물건 물	물건 물	물건 물	물건 물	물건 물
物	物	物	物	物
물건 물	물건 물	물건 물	물건 물	물건 물

어떻게 쓰일까?

• 사자는 동물의 왕입니다.

*動物(동물) : 새, 벌레, 짐승들을 통틀어 가리키는 말

物

• 내 별명은 만물박사입니다.

*萬物(만물) : 세상에 있는 모든 것

物

漢字 퀴즈

두 한자가 합쳐져서 만들어지는 한자와 그 한자의 훈·음을 써 보세요.

牛 + 勿 = ☐

훈·음 ____

풀이 자라고 변해서 **꽃**이 되다! 花(꽃 화)

'花'는 풀[艸=艹]이 자라고 변하여[化] 꽃이 된다는 데서 '꽃'을 뜻합니다.

필순에 따라 쓰며 확실하게 외워 봐요

一 十 艹 艹 艹 花 花

花

훈 꽃 음 화

(艸(艹)부, 총 8획)

花	花	花	花	花
꽃 화	꽃 화	꽃 화	꽃 화	꽃 화
花	花	花	花	花
꽃 화	꽃 화	꽃 화	꽃 화	꽃 화

어떻게 쓰일까?

- 우리 학교 교**화**는 진달래꽃입니다.

花

* 校花(교화) : 학교를 나타내는 꽃

- 우리 나라 국**화**는 무궁**화**입니다.

花

* 國花(국화) : 나라를 나타내는 꽃

漢字 퀴즈

'花'에 알맞은 그림을 찾아 ○하고, 한자의 훈·음을 써 보세요.

花  훈·음

01 02 03 04 05

'花(꽃 화)'와 혼동하지 않도록 지도해 주시고, 두 한자가 어울려 '花草(화초)'라는 한자어가 된다고 알려 주세요.

햇빛 받고 자라는 **풀** **草** (**풀 초**)

 ➡ 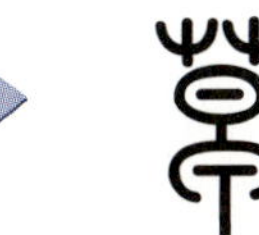 ➡ **草**

'草'는 풀〔艸=艹〕이 이른 아침〔早〕의 햇빛을 받고 자란다는 데서 '풀'을 뜻합니다.

필순에 따라 쓰며 확실하게 **외워 봐요**

一 十 十 十 艹 芍 芍 苔 苴 草

草	草	草	草	草
풀 초	풀 초	풀 초	풀 초	풀 초
草	草	草	草	草
풀 초	풀 초	풀 초	풀 초	풀 초

훈 풀 **음** 초

(艹(艹)부, 총 10획)

어떻게 쓰일까?

• 우리 할머니 댁은 **초**가입니다.

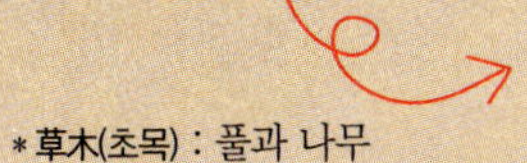 草

*草家(초가) : 지붕이 짚으로 만들어진 집

• 봄이 되면 **초**목이 무럭무럭 자랍니다.

 草

*草木(초목) : 풀과 나무

漢字 퀴즈

두 한자의 다른 점을 찾아 ○하고, 각 한자의 훈·음을 써 보세요.

 花    草

 훈·음 ______    훈·음 ______

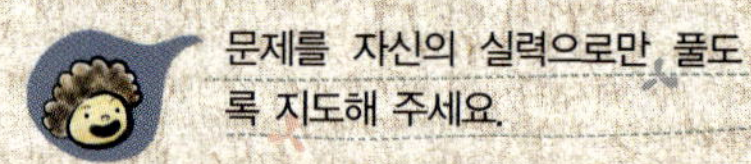

한자의 알맞은 훈·음을 찾아 선으로 이어 보세요.

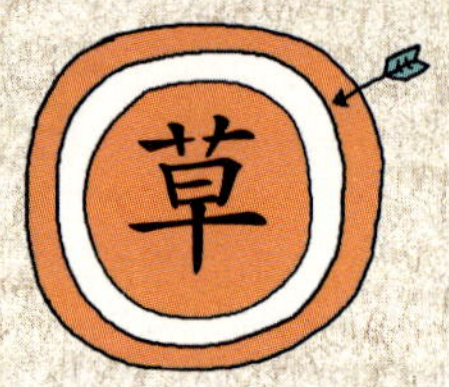

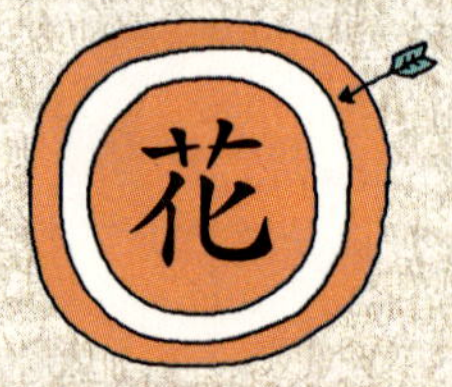
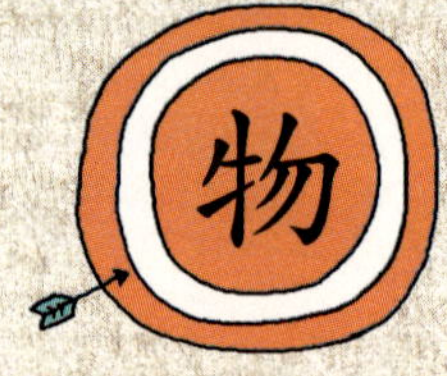

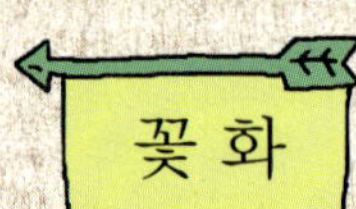

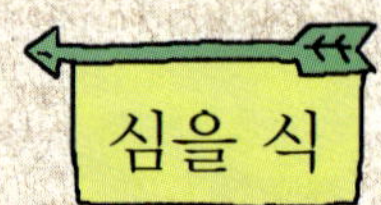

植, 物, 花, 草 다시 한번 쓱쓱!

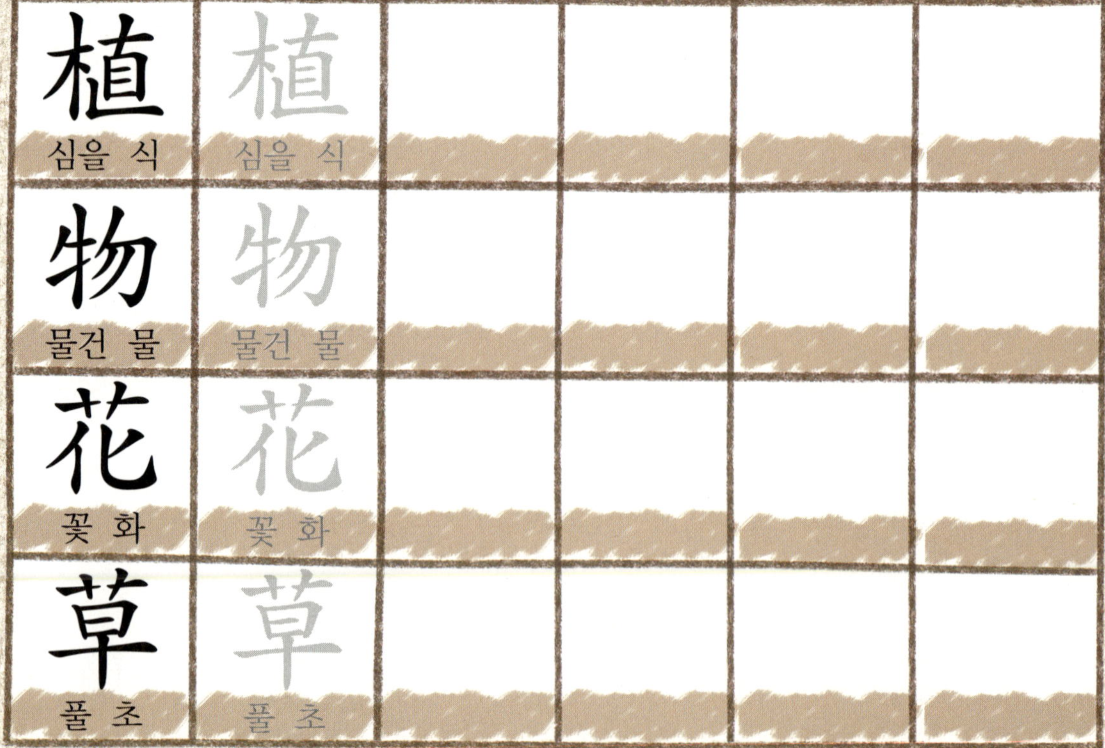

확인하기
植 심을 식 物 물건 물 花 꽃 화 草 풀 초

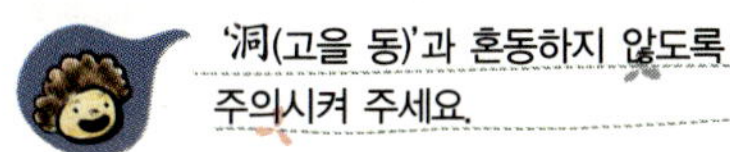
'洞(고을 동)'과 혼동하지 않도록 주의시켜 주세요.

🌼 그릇과 그릇의 뚜껑은 한가지! 同(한가지 동)

鼎 ▶ 同 ▶ 同

'同'은 그릇과 그릇 뚜껑 모양을 나타낸 글자로, 그릇과 그릇의 뚜껑은 하나라는 데서 '한가지'를 뜻합니다.

필순에 따라 쓰며 확실하게 **외워 봐요**

丨 冂 冂 同 同 同

同	同	同	同	同
한가지 동	한가지 동	한가지 동	한가지 동	한가지 동
同	同	同	同	同
한가지 동	한가지 동	한가지 동	한가지 동	한가지 동

同
훈 **한가지** 음 **동**
(口부, 총 6획)

어떻게 쓰일까?

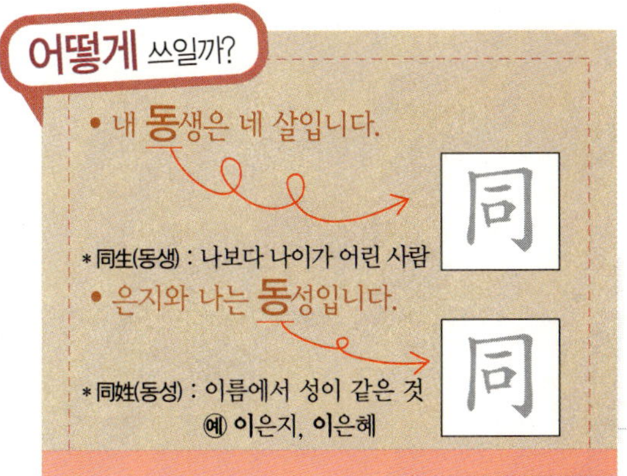

• 내 **동**생은 네 살입니다.

同

＊同生(동생) : 나보다 나이가 어린 사람
• 은지와 나는 **동**성입니다.

同

＊同姓(동성) : 이름에서 성이 같은 것
예) 이은지, 이은혜

漢字 퀴즈

• '同'과 훈은 다르지만 음이 같은 한자를 찾아 ○하고, '同'의 훈·음을 쓰세요.

里 洞 男

훈·음

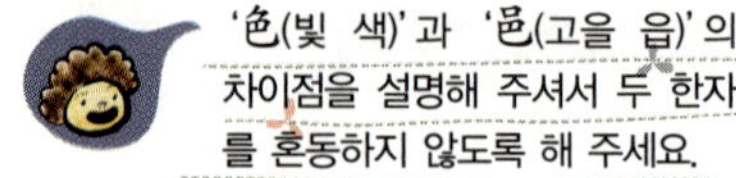

엎드리니 변하는 얼굴빛! 色(빛 색)

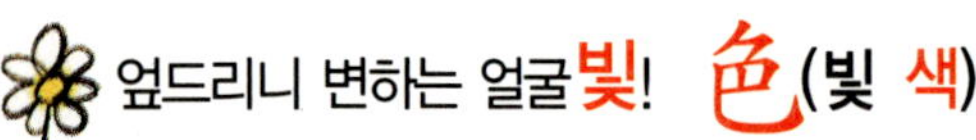

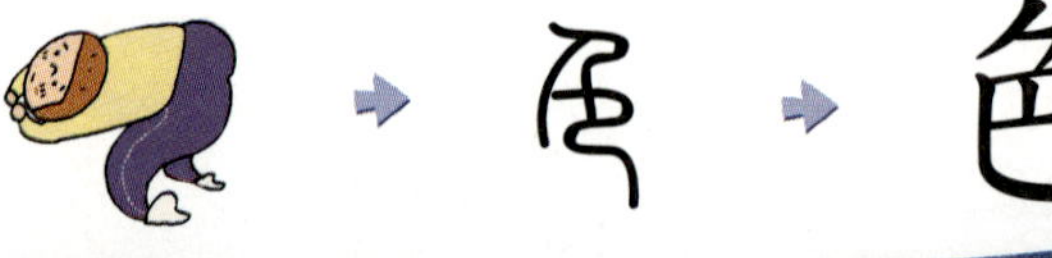

'色'은 엎드려 있는 사람의 모양을 나타낸 글자로, 엎드려 있어서 얼굴빛이 변한다는 데서 '빛'을 뜻합니다.

필순에 따라 쓰며 확실하게 **외워 봐요**

` ´ ㄅ ㄅ ㄅ 色`

色	色	色	色	色
빛 색	빛 색	빛 색	빛 색	빛 색
色	色	色	色	色
빛 색	빛 색	빛 색	빛 색	빛 색

色
훈 빛 **음** 색
(色부, 총 6획)

어떻게 쓰일까?

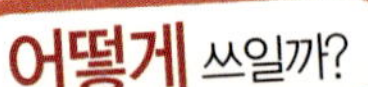

- 거리에 춘**색**이 가득합니다.

色

*春色(춘색) : 봄의 아름다운 빛

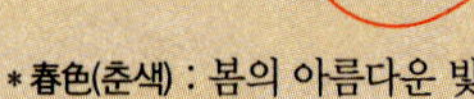

- 미술 시간 준비물로 **색**지를 샀습니다.

色

*色紙(색지) : 색종이

漢字 퀴즈

● 다음 중 '色'이 다른 차를 찾아 ○해 보세요.

나무가 많은 **수풀**! 林(수풀 림)

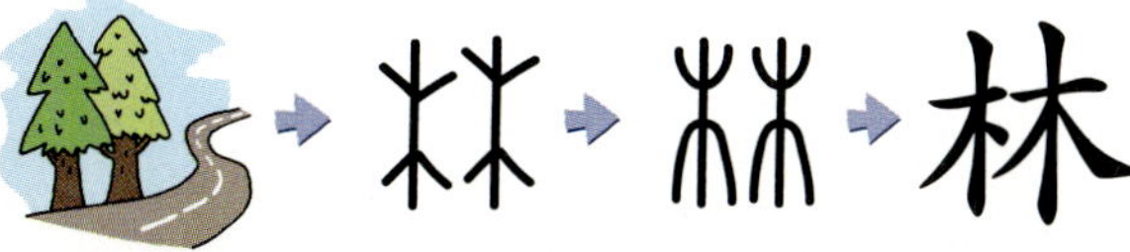

林 ▶ 林 ▶ 林

'林'은 두 그루의 나무(木)가 합쳐진 글자로, 나무가 많다는 데서 '수풀'을 뜻합니다.

필순에 따라 쓰며 확실하게 **외워 봐요**

一 十 オ 木 木 杜 材 林

林

훈 수풀 **음** 림

(木부, 총 8획)

林	林	林	林	林
수풀 림	수풀 림	수풀 림	수풀 림	수풀 림
林	林	林	林	林
수풀 림	수풀 림	수풀 림	수풀 림	수풀 림

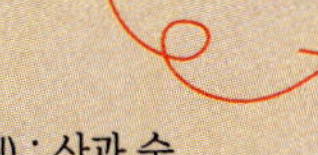

어떻게 쓰일까?

- 우리는 산림을 보호해야 합니다.

  林

  *山林(산림) : 산과 숲

- 육림 사업을 통해 울창한 숲을 만들었습니다.

  林

  *育林(육림) : 계획적으로 나무를 심어 숲을 가꾸는 일

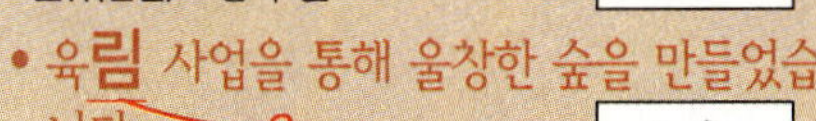

漢字 퀴즈

한자의 알맞은 훈·음을 찾아 ○해 보세요.

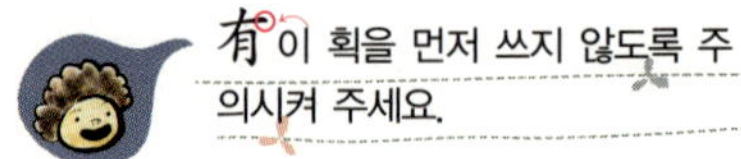

손에 **있는** 고기! 有(있을 유)

豸 ➡ 𠂇 ➡ 有

'有'는 손에 고기를 들고 있는 모양을 나타낸 글자로, 먹을거리가 있다는 데서 '있다'를 뜻합니다.

필순에 따라 쓰며 확실하게 **외워 봐요**

ノ ナ 广 有 有 有

有 (있을 유)
훈 **있을** 음 **유**
(月부, 총 6획)

有	有	有	有	有
있을 유	있을 유	있을 유	있을 유	있을 유
有	有	有	有	有
있을 유	있을 유	있을 유	있을 유	있을 유

어떻게 쓰일까?

- 저 땅은 우리 집 소**유**입니다.

有

*所有(소유) : 가지고 있는 것

- 삼촌은 **유**명한 화가이십니다.

有

*有名(유명) : 이름이 널리 알려져 있음

漢字 퀴즈

다음 밑줄 친 단어에 알맞은 한자를 찾아 ○해 보세요.

育   有   花

한 주 동안 배운 한자를 확실히 익혔는지 확인해 주세요. 학습이 되지 않은 한자가 있다면 꼭 복습시켜 주세요.

그림에서 숨어 있는 한자들을 찾아 ○하고, 한자의 알맞은 음을 빈 칸에 써 보세요

植		物	
同		色	
花		草	
林		有	

同, 色, 林, 有 다시 한번 쓱쓱!

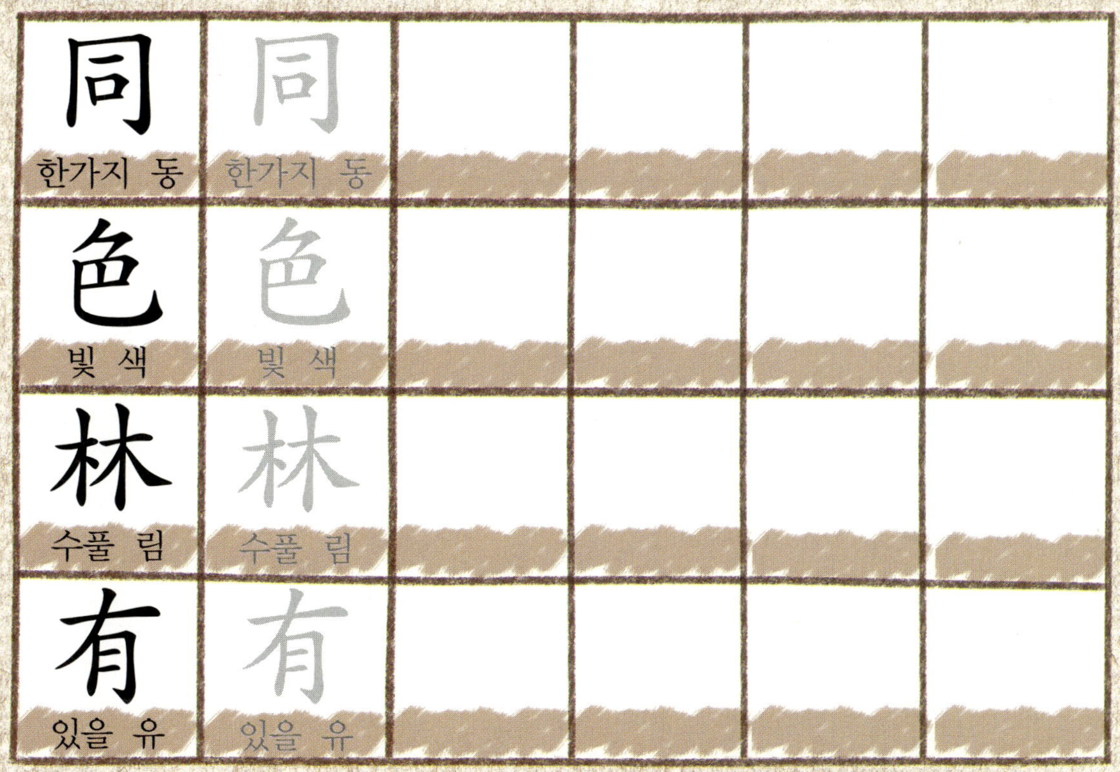

同	同				
한가지 동	한가지 동				
色	色				
빛 색	빛 색				
林	林				
수풀 림	수풀 림				
有	有				
있을 유	있을 유				

확인하기
植 심을 식 物 물건 물 花 꽃 화 草 풀 초 同 한가지 동 色 빛 색 林 수풀 림 有 있을 유

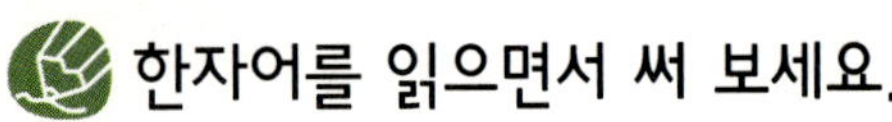

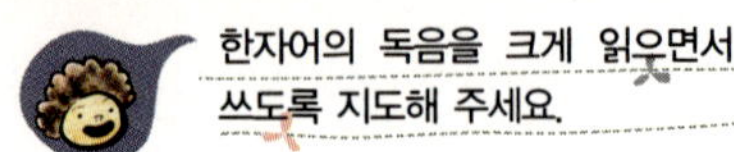

植木(식목) : 나무를 심는 것

植 木	植 木			
식 목	식 목			

植物(식물) : 흙에서 자라는 풀이나 나무

植 物	植 物			
식 물	식 물			

國花(국화) : 나라를 나타내는 꽃

國 花	國 花			
국 화	국 화			

草木(초목) : 풀과 나무

草 木	草 木			
초 목	초 목			

山林(산림) : 산과 숲

山 林	山 林			
산 림	산 림			

五色(오색) : 빨강, 노랑, 파랑, 하양, 검정의 다섯 가지 색깔

五 色	五 色			
오 색	오 색			

萬物(만물) : 세상에 있는 모든 것

萬 物	萬 物			
만 물	만 물			

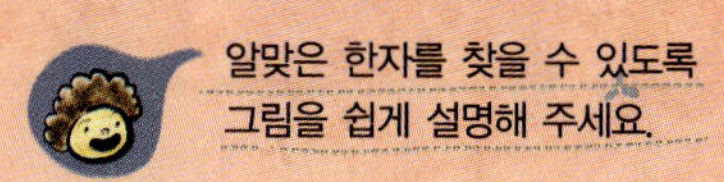

6주차에서 배운 한자를 모두 기억하고 있나요?
문제를 풀며 확인해 보세요.

그림과 단어에 알맞은 한자를 빈 칸에 써 보세요.

> 時　秋　夕　夏　間　春　冬　午

 새싹이 돋아나는 **봄** ☐

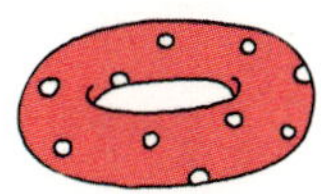 바다에서 놀 수 있는 **여름** ☐

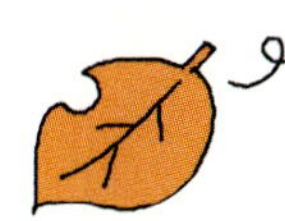 낙엽 떨어지는 **가을** ☐

 하얀 눈이 내리는 **겨울** ☐

 해가 떠 있는 **낮** ☐

 달이 떠 있는 **저녁** ☐

 6시! 저녁밥 먹을 **때** ☐

 창문틈 **사이** ☐

1 다음 漢字(한자)의 訓(훈:뜻)과 音(음:소리)을 쓰세요.

> 보기
>
> ## 木 ➡ 나무 목

❶ 物 (　　　　　)　　❷ 草 (　　　　　)

❸ 有 (　　　　　)　　❹ 花 (　　　　　)

❺ 色 (　　　　　)　　❻ 植 (　　　　　)

❼ 林 (　　　　　)　　❽ 同 (　　　　　)

'物'은 '물건'이라는 뜻이고 '물'이라고 읽어요. 따라서 ❶의 답은 物(물건 물)이 되지요. 다른 문제들도 한자의 뜻과 소리를 생각하며 풀어 보세요.

2 다음 漢字語(한자어)의 讀音(독음:읽는 소리)을 쓰세요.

> 보기
>
> ## 父母 ➡ 부모

❶ 草木 (　　　　　)　　❷ 山林 (　　　　　)

❸ 同色 (　　　　　)　　❹ 國花 (　　　　　)

❺ 植物 (　　　　　)　　❻ 萬物 (　　　　　)

❼ 植木 (　　　　　)　　❽ 五色 (　　　　　)

❾ 花草 (　　　　　)　　❿ 時間 (　　　　　)

⓫ 春夏 (　　　　　)　　⓬ 秋冬 (　　　　　)

'草'의 훈·음은 '풀 초', '木'의 훈·음은 '나무 목'. 따라서 ❶草木의 독음은 (초목)이 되지요.

3 나음 訓(훈:뜻)괴 音(음.쏘티)에 알맞은 漢字(한가)를 쓰세요.

보기

메산 ➡ 山

❶ 풀 초　（　　　　　）　　❷ 꽃 화　（　　　　　）

❸ 빛 색　（　　　　　）　　❹ 심을 식　（　　　　　）

❺ 물건 물（　　　　　）　　❻ 있을 유　（　　　　　）

❼ 수풀 림（　　　　　）　　❽ 한가지 동（　　　　　）

4 다음 문장에서 밑줄 친 단어와 같은 뜻을 지닌 漢字(한자)를 〈보기〉에서 찾아 그 번호를 쓰세요.

보기

① 植　② 花　③ 色　④ 草

❶ 토끼는 풀을 먹고 삽니다.　　　　（　　　　　）

❷ 마당에 예쁜 꽃이 피었습니다.　　（　　　　　）

❸ 밤 하늘에 별빛이 반짝입니다.　　（　　　　　）

❹ 동생과 함께 나무를 심었습니다.　（　　　　　）

5 다음 문장에서 밑줄 친 단어의 漢字語(한자어)를 〈보기〉에서 찾아 그 번호를 쓰세요.

보기

① 國花　　② 同生　　③ 山林　　④ 五色

❶ <u>산림</u> 보호에 앞장 서야 합니다.　（　　　　　）

❷ 우리 나라의 <u>국화</u>는 무궁화입니다.　（　　　　　）

6 다음 漢字(한자)의 상대 또는 반대 되는 漢字(한자)를 〈보기〉에서 찾아 그 번호를 쓰세요.

보기

① 大　　② 人

❶ （　　　　　） ↔ 小

7 다음 漢字語(한자어)의 뜻을 쓰세요.

❶ 植木 （　　　　　　　　　）

❷ 草木 （　　　　　　　　　）

8 花㉠　　㉠ 획의 쓰는 순서를 아래에서 찾아 그 번호를 쓰세요. （　　　　　）

① 다섯 번째　　② 여섯 번째　　③ 일곱 번째　　④ 여덟 번째

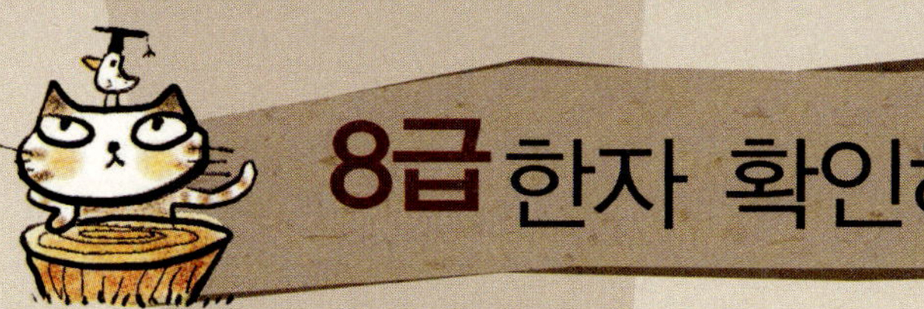

8급 시험에 나오는 한자들이에요. 필순에 맞게 써 보세요.

一 ナ 大						
大	大					
큰 대	큰 대					

丨 冂 口 中						
中	中					
가운데 중	가운데 중					

丨 小 小						
小	小					
작을 소	작을 소					

丨 冂 冂 冃 冃 冎 門 門 門						
門	門					
문 문	문 문					

丶 宀 宀 宀 宏 宏 宮 室 室						
室	室					
집 실	집 실					

丿 夕 夕 夕 外 外						
外	外					
바깥 외	바깥 외					

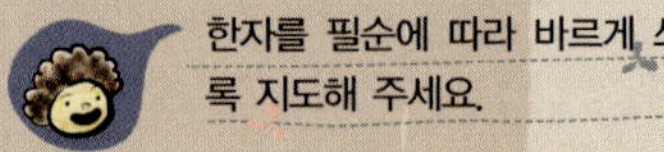

이번 주에 배운 한자를 모두 써 보세요.

植	植					
심을 식	심을 식					

物	物					
물건 물	물건 물					

花	花					
꽃 화	꽃 화					

草	草					
풀 초	풀 초					

同	同					
한가지 동	한가지 동					

色	色					
빛 색	빛 색					

林	林					
수풀 림	수풀 림					

有	有					
있을 유	있을 유					

스스로를 가리킬 땐 코! 自 (스스로 자)
제물로 고기를 올리는 것은 당연히 그런 것! 然 (그럴 연)
사람 위에 있는 하늘! 天 (하늘 천)
구불구불 이어지는 땅! 地 (땅 지)
구멍나면 속이 빈다! 空 (빌 공)
밥 먹으면 생기는 기운! 氣 (기운 기)
졸졸졸 흐르는 냇물! 川 (내 천)
물줄기가 굽이치는 강! 江 (강 강)
물이 많은 바다! 海 (바다 해)
시간이 흘러 변한 세상! 世 (세상/인간 세)

🌼 일정	🌼 쪽수	🌼 학습 내용
1일차	74~79	한 자씩(自, 然, 天, 地, 空 익히기), 자신 있게(복습)
2일차	80~85	한 자씩(氣, 川, 江, 海, 世 익히기), 자신 있게(복습)
3일차	86~87	끝장내기(한자어 쓰기, 7주차 복습)
4일차	88~90	내것 만들기(실전 유형 문제 풀기)
5일차	91~92	기억하기(8급 한자 쓰기, 自, 然, 天, 地, 空, 氣, 川, 江, 海, 世 쓰기)

내일이 드디어 크리스마스야.
산타할아버지께서 올해는 무슨 선물을 주실까?

글쎄……. 그런데 너 올해 착한 일 한거 있어?
나?

조금 전에 스스로[自] 장난감을 다 치웠잖아.
自

그거야 네가 어지럽힌거니까 당연한거고!
그런가? 헤헤.

와~ 오빠, 하늘[天]에서 눈이 내려.
天

우와~ 정말 눈이 펑펑 내리네.
땅[地]에 곧 쌓이겠어. 야호~ 신난다.
地

만화 속에 한 주 동안 배울 한자가 있습니다. 한자와 뜻을 주의 깊게 보도록 지도해 주세요.

짜잔
하하, 어쩌긴 아빠가 있잖니!

어? 내 선물!
양말에 구멍이 나 있길래 아빠가 따로 챙겨 놨지.
와~

와~ 이제야 기운[氣]이 난다!
모두 외출 준비를 하렴. 이번 크리스마스에는 갈 곳이 있단다.
야
氣
호~

어디 가는데요?
히히
와!
?
?

세상[世]에서 가장 좋은 곳!
어디요?!
世

맑은 냇물〔川〕이 있고,
川

고기를 잡을 수 있는 강〔江〕도 있고,
江

조금만 걸어가면
푸른 바다〔海〕가 있는 그 곳!
海

우와~ 그런 곳이 있어요?
어디요?
어디요?
와~

그 곳은 바로!
어딜까?
떨려…….
캬~하

바로~
시골에 있는 할머니 댁!
엥? 할머니 댁?
후
힝

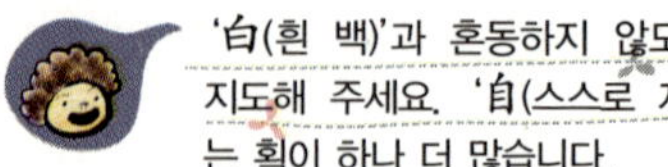

스스로를 가리킬 땐 코! 自(스스로 자)

'自'는 코의 모양을 나타낸 글자로, 나를 표현할 때는 코를 가리킨다는 데서 '스스로'를 뜻합니다.

필순에 따라 쓰며 확실하게 **외워 봐요**

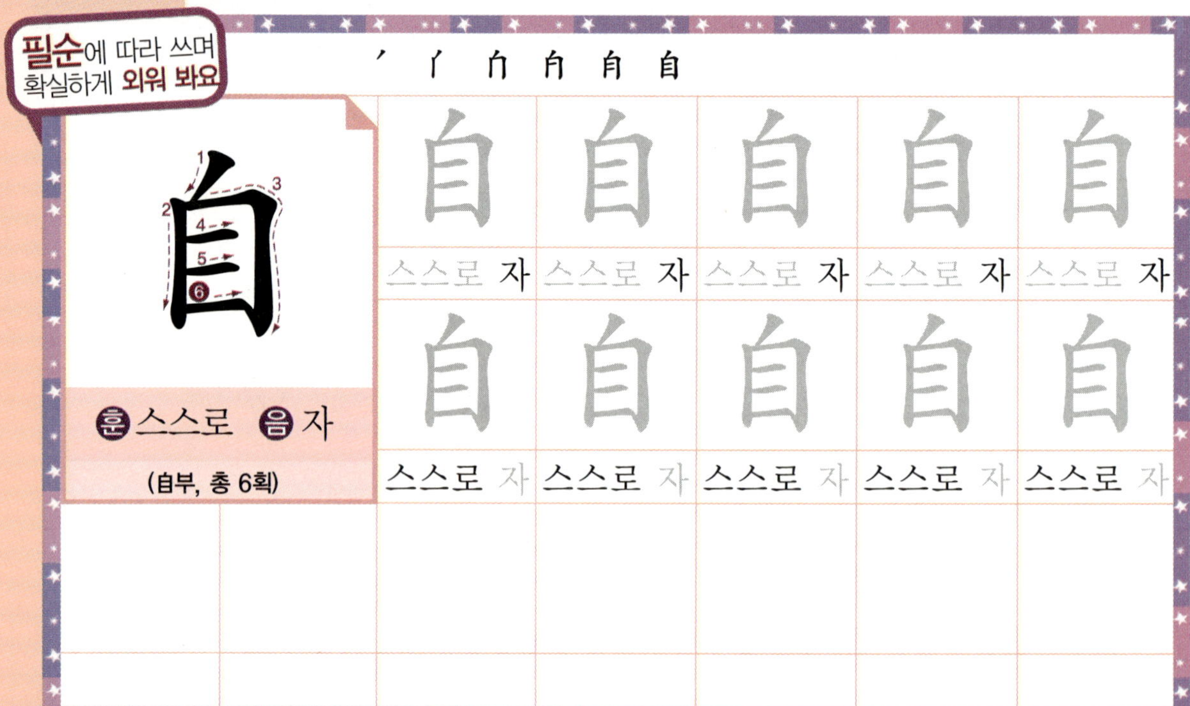

훈 스스로 　음 자

(自부, 총 6획)

自	自	自	自	自
스스로 자	스스로 자	스스로 자	스스로 자	스스로 자
自	自	自	自	自
스스로 자	스스로 자	스스로 자	스스로 자	스스로 자

어떻게 쓰일까?

• 이 문은 **자**동으로 열리고 닫힙니다.

自

* 自動(자동) : 저절로 움직이는 것

• **자**주적인 어린이가 되어야 합니다.

自

* 自主(자주) : 자신의 일을 스스로 하는 것

漢字 퀴즈

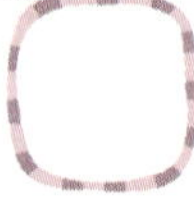

다음 단어들에 공통으로 들어가는 글자에 ○ 하고, 그 글자의 알맞은 한자와 훈·음을 써 보세요.

자주	자연	자동

훈·음

'火(불 화)'가 다른 한자의 아래에 쓰일 때는 주로 ' 灬'로 쓰인다고 설명해 주세요.

제물로 고기를 올리는 것은 당연히 **그런** 것! **然**(그럴 연)

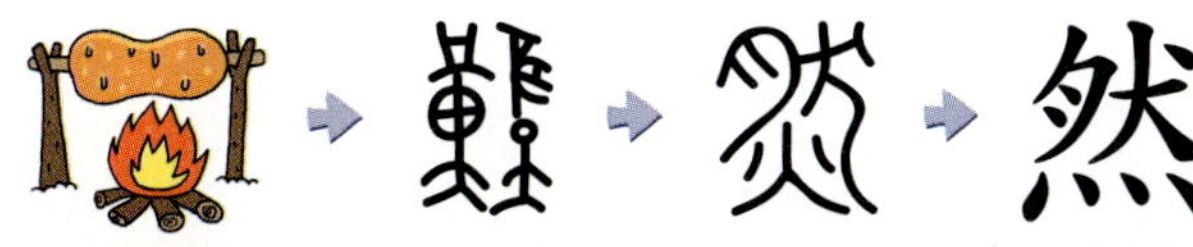

'然'은 개〔犬〕고기〔肉=月〕를 불〔火=灬〕에 구워 제물로 올리는 것이 당연하다는 데서 '그러하다'를 뜻합니다.

필순에 따라 쓰며 확실하게 **외워 봐요**

丿 ク タ タ ター 外 纵 然 然 然 然 然

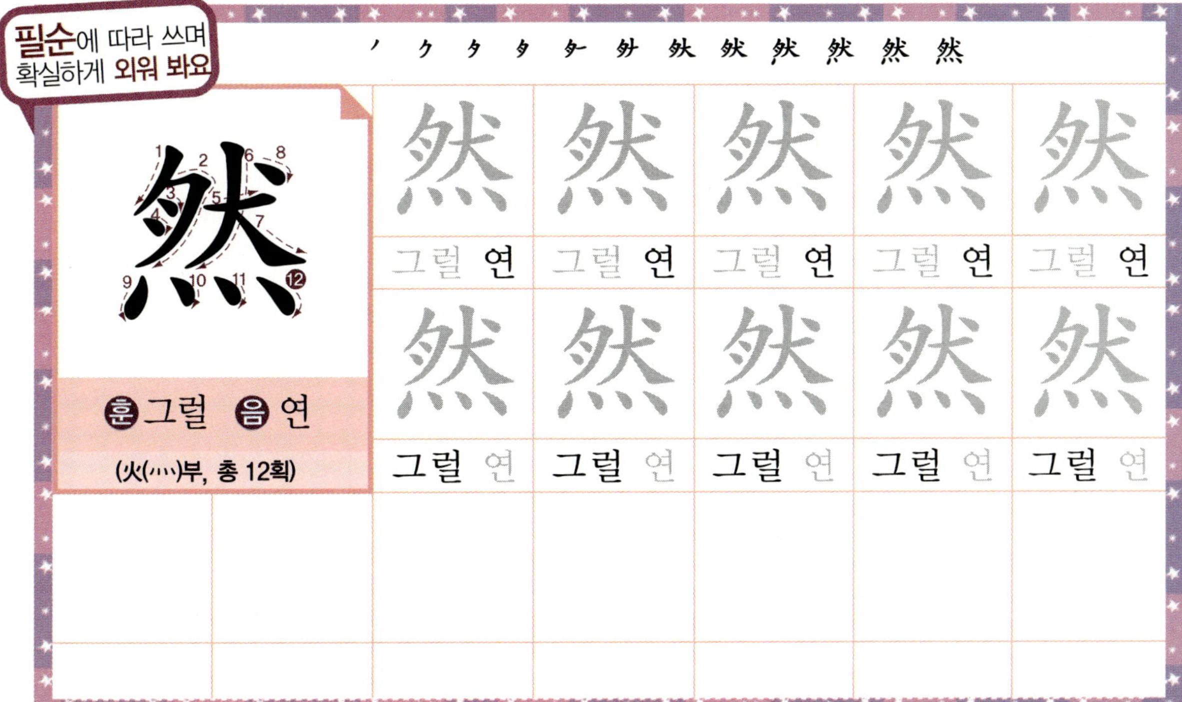

然 / 然 / 然 / 然 / 然

그럴 연 / 그럴 연 / 그럴 연 / 그럴 연 / 그럴 연

然 / 然 / 然 / 然 / 然

그럴 연 / 그럴 연 / 그럴 연 / 그럴 연 / 그럴 연

훈 그럴 **음** 연

(火(灬)부, 총 12획)

어떻게 쓰일까?

• **자연** 보호에 앞장 서야 합니다.

然

* **自然**(자연) : 사람이 손대지 않은 현상

• 금강산은 천**연**의 아름다움을 보존하고 있습니다.

然

* **天然**(천연) : 사람의 손이 가지 않은 상태

알맞은 한자어를 빈 칸에 써 보세요.

사람 위에 있는 **하늘!** **天**(하늘 천)

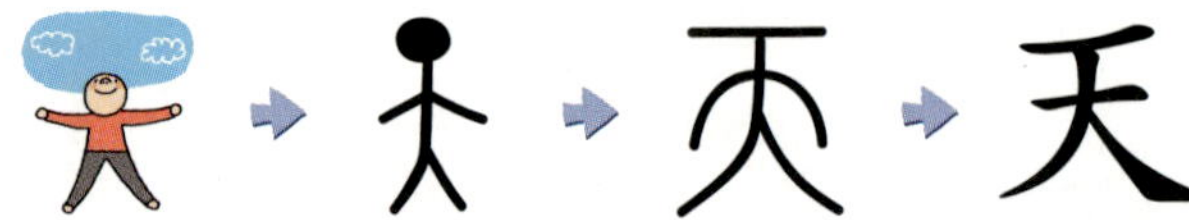

'**天**'은 大(큰 대) 위에 一(한 일)을 그어 팔과 다리를 벌리고 있는 사람을 나타낸 글자로, 사람 위에 하늘이 있다는 데서 '하늘'을 뜻합니다.

필순에 따라 쓰며 확실하게 **외워 봐요**

一 二 チ 天

天	天	天	天	天
하늘 천	하늘 천	하늘 천	하늘 천	하늘 천
天	天	天	天	天
하늘 천	하늘 천	하늘 천	하늘 천	하늘 천

天
훈 **하늘** 음 **천**
(大부, 총 4획)

어떻게 쓰일까?

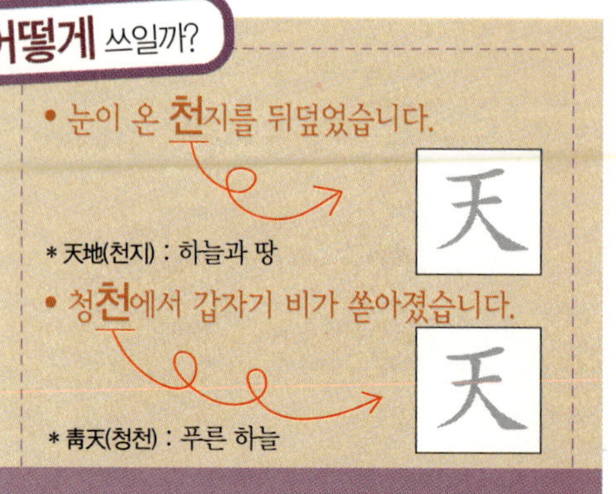

- 눈이 온 **천**지를 뒤덮었습니다.

天

* 天地(천지) : 하늘과 땅

- **청천**에서 갑자기 비가 쏟아졌습니다.

天

* 靑天(청천) : 푸른 하늘

漢字 퀴즈

'大(큰 대)'와 '一(한 일)'을 더해 새로운 한자을 만들었어요. 만들어진 한자의 훈·음을 써 보세요.

大 + 一 = 天

훈·음

 구불구불 이어지는 땅! **地**(땅 지)

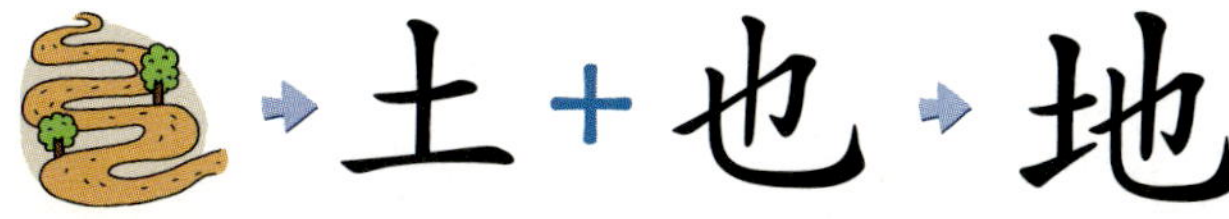

土 + 也 ▸ 地

'地'는 흙[土]과 뱀을 나타낸 '也'를 합한 글자
로, 구불구불 이어지는 '땅'을 뜻합니다.

필순에 따라 쓰며 확실하게 **외워 봐요**

一 十 土 圵 地 地

地 | 地 | 地 | 地 | 地
땅지 | 땅지 | 땅지 | 땅지 | 땅지
地 | 地 | 地 | 地 | 地
땅지 | 땅지 | 땅지 | 땅지 | 땅지

훈 땅 **음** 지

(土부, 총 6획)

어떻게 쓰일까?

• 저 토**지**에 농사를 지을 것입니다.

地

＊ 土地(토지) : 사람의 생활에 쓰이는 땅

• 아버지는 **지**방으로 출장을 가셨습니다.

地

＊ 地方(지방) : 서울이 아닌 다른 도시
를 부르는 말

漢字 퀴즈

다음 대화에서 밑줄 친 단어에 알맞은 한자
를 써 보세요.

은희 : 내가 얼마만큼 좋아?

상호 : 하늘만큼 땅만큼! ♥♥

🌼 구멍나면 속이 **빈다**! 空(빌 공)

穴 + 工 ➡ 空

'空'은 도구(工)를 이용하여 구덩이를 파니 그 구멍(穴)이 비어 있다는 데서 '비다(비어있다)'를 뜻합니다.

필순에 따라 쓰며 확실하게 **외워 봐요**

丶 丷 宀 灾 灾 灾 空 空

空
훈 **빌** 음 **공**
(穴부, 총 8획)

空	空	空	空	空
빌 공	빌 공	빌 공	빌 공	빌 공
空	空	空	空	空
빌 공	빌 공	빌 공	빌 공	빌 공

어떻게 쓰일까?

- 공중에 비행기가 날아갑니다.

空

* 空中(공중) : 하늘과 땅 사이

- 그림의 공백에 내 이름을 썼습니다.

空

* 空白(공백) : 아무것도 없이 비어 있는 상태

漢字 퀴즈

'空'의 훈에 알맞은 상자를 찾아 ○하고, 한자의 훈·음을 써 보세요.

훈·음

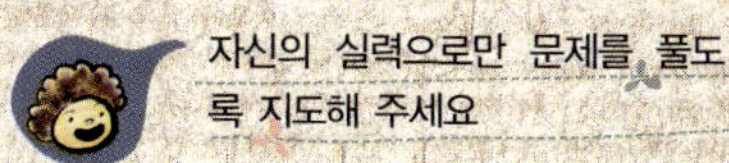

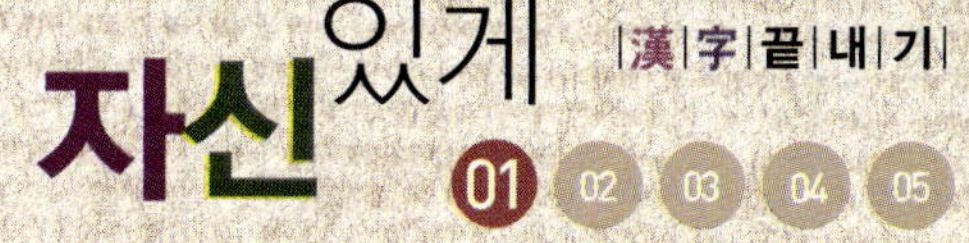

한자의 알맞은 훈 또는 음을 빈 칸에 써 보세요.

自, 然, 天, 地, 空 다시 한번 쓱쓱!

自	自			
스스로 자	스스로 자			
然	然			
그럴 연	그럴 연			
天	天			
하늘 천	하늘 천			
地	地			
땅 지	땅 지			
空	空			
빌 공	빌 공			

확인하기
自 스스로 자 然 그럴 연 天 하늘 천 地 땅 지 空 빌 공

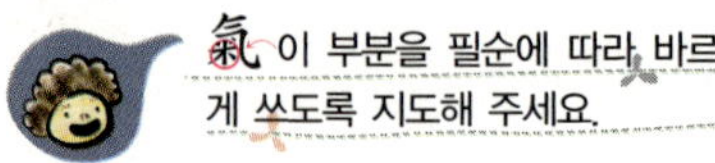

氣 이 부분을 필순에 따라 바르게 쓰도록 지도해 주세요.

밥 먹으면 생기는 기운! 氣 (기운 기)

氣 ➡ 氣

'氣'는 쌀[米]을 먹으면 기운[气]이 생긴다는 데서 '기운'을 뜻합니다.

필순에 따라 쓰며 확실하게 **외워 봐요**

丿 丿 气 气 气 氕 氖 氚 氣

氣
훈 기운 음 기
(气부, 총 10획)

氣	氣	氣	氣	氣
기운 기	기운 기	기운 기	기운 기	기운 기
氣	氣	氣	氣	氣
기운 기	기운 기	기운 기	기운 기	기운 기

어떻게 쓰일까?

• 아침 공**기**는 늘 상쾌합니다.

氣

*空氣(공기) : 지구를 둘러싸고 있는 투명한 기체

• 할아버지께서 **기**력을 되찾으셨습니다.

氣

*氣力(기력) : 활동할 수 있는 힘

漢字 퀴즈

한자의 알맞은 음을 찾아 선으로 이어 보세요.

 졸졸졸 흐르는 **냇물**! 川(내 천)

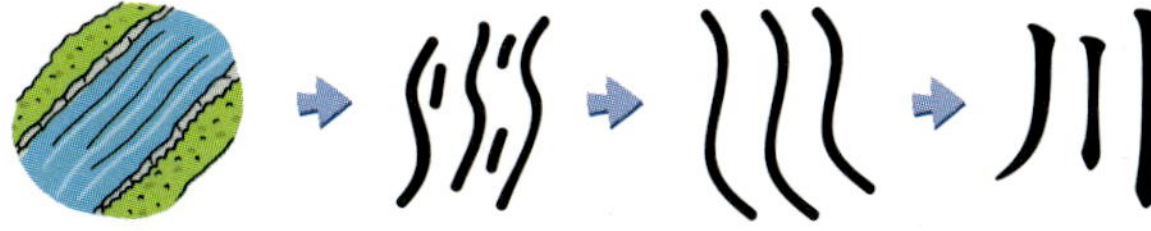

'川'은 시냇물이 흐르는 모양을 나타낸 글자로, '내(냇물)'를 뜻합니다.

丿 川 川

川

훈 내 음 천

(巛(川)부, 총 3획)

川	川	川	川	川
내 천	내 천	내 천	내 천	내 천
川	川	川	川	川
내 천	내 천	내 천	내 천	내 천

• 가을이 되자 산**천**이 붉게 물들었습니다.

川

* 山川(산천) : 산과 냇물

• 시골에 있는 대**천**에서 물놀이를 했습니다.

川

* 大川(대천) : 큰 냇물

漢字 퀴즈

➍ 여름에 물놀이를 할 수 있는 곳을 뜻하는 한자를 찾아 ○해 보세요.

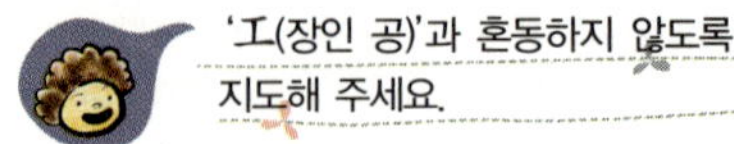

물줄기가 굽이치는 강! 江(강 강)

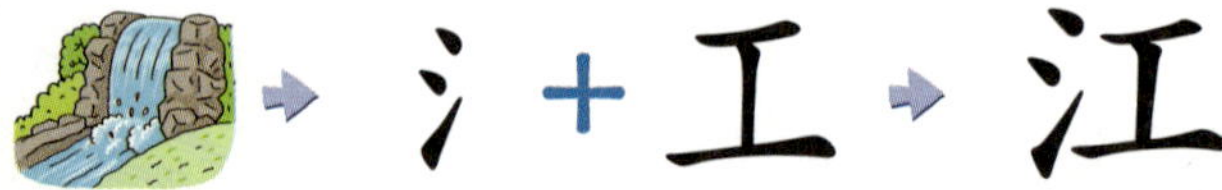

氵 + 工 ▶ 江

'江'은 물줄기〔水＝氵〕가 굽이치는〔工〕 중국의 장강(長江)을 가리키는 글자로, 큰 '강'을 뜻합니다.

필순에 따라 쓰며 **확실하게 외워 봐요**

`丶 丶 氵 氵 江 江`

江

훈 강 **음** 강

(水(氵)부, 총 6획)

江	江	江	江	江
강 강	강 강	강 강	강 강	강 강
江	江	江	江	江
강 강	강 강	강 강	강 강	강 강

어떻게 쓰일까?

- 아름다운 우리 **강**산을 보호해야 합니다.

  江

  *江山(강산) : 강과 산
- 겨울이 되면 제비가 **강**남으로 돌아갑니다.

  江

  *江南(강남) : 강의 남쪽 지역,
  따뜻한 지역을 일컫는 말

漢字 퀴즈

- 단어에 알맞은 한자어가 되도록 선으로 이어
  보세요.

  자연　自 ·　　· 山

  공기　空 ·　　· 氣

  강산　江 ·　　· 然

물이 많은 **바다**! 海(바다 **해**)

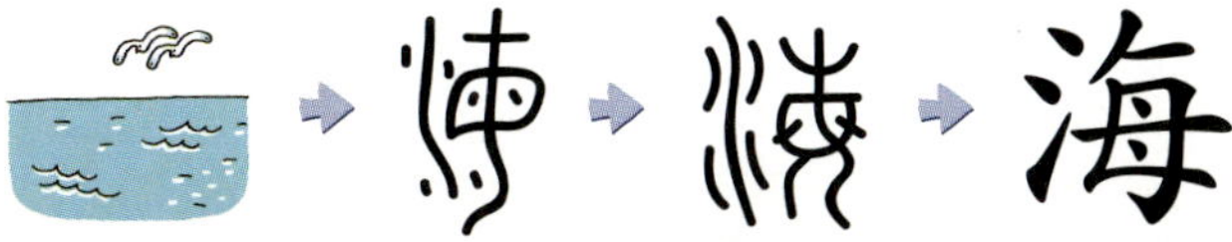

'海'는 물〔水=氵〕이 늘〔每〕 많다는 데서 '바다'를 뜻합니다.

필순에 따라 쓰며 **확실하게 외워 봐요**

` ` 丶 丶 氵 氵 氵 汁 汁 海 海 海 海

海
훈 바다 음 해
(水(氵)부, 총 10획)

海	海	海	海	海
바다 해	바다 해	바다 해	바다 해	바다 해
海	海	海	海	海
바다 해	바다 해	바다 해	바다 해	바다 해

어떻게 쓰일까?

- 부모님과 함께 **해**외 여행을 갔습니다.

海

* 海外(해외) : 바다 건너 다른 나라

- 여름에 동**해**로 피서를 다녀왔습니다.

海

* 東海(동해) : 동쪽에 있는 바다

漢字 퀴즈

밑줄 친 단어에 알맞은 한자를 빈 칸에 써 보세요.

내(냇물)〔 〕가 모여 강이 되고,

강〔 〕이 모여, 바다〔 〕가 된답니다.

8주차 지연 배우기

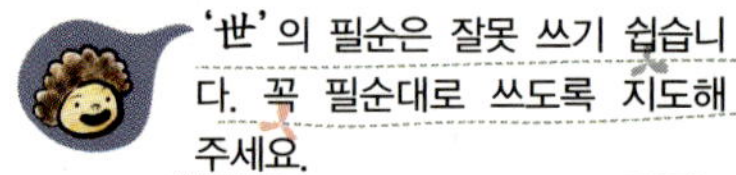

시간이 흘러 변한 세상! 世 (세상/인간 세)

十十 → 卄 → 丗 → 世

'世'는 '十(열 십)'을 세 번 더하여 오랜 시간이 흐름을 나타낸 글자로, 시간이 흐르면서 세상이 변한다는 데서 '세상/인간'을 뜻합니다.

필순에 따라 쓰며 확실하게 외워 봐요

一 十 卄 丗 世

훈 인간 음 세

(一부, 총 5획)

世	世	世	世	世
인간 세	인간 세	인간 세	인간 세	인간 세
世	世	世	世	世
인간 세	인간 세	인간 세	인간 세	인간 세

어떻게 쓰일까?

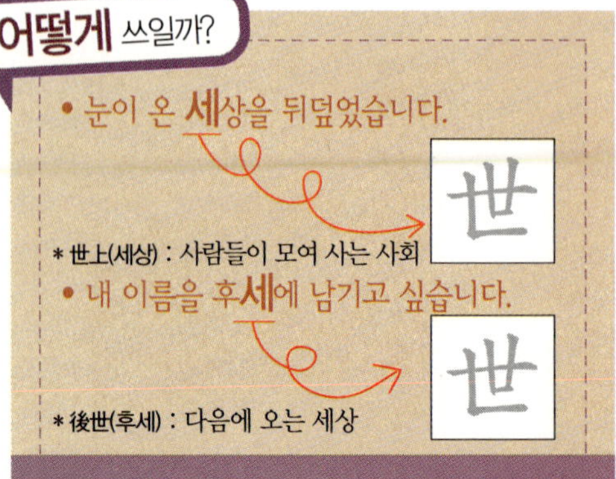

- 눈이 온 세상을 뒤덮었습니다.

世

*世上(세상) : 사람들이 모여 사는 사회

- 내 이름을 후세에 남기고 싶습니다.

世

*後世(후세) : 다음에 오는 세상

漢字 퀴즈

밑줄 친 단어를 훈으로 가진 한자를 써 보세요.

한자의 알맞은 훈·음을 빈 칸에 써 보세요.

氣 ☐

海 ☐

地 ☐

江 ☐

自 ☐

然 ☐

天 ☐

空 ☐

世 ☐

川 ☐

氣, 川, 江, 海, 世 다시 한번 쓱쓱!

氣	氣				
기운 기	기운 기				
川	川				
내 천	내 천				
江	江				
강 강	강 강				
海	海				
바다 해	바다 해				
世	世				
인간 세	인간 세				

한자어를 필순에 따라 정확히 쓰도록 지도해 주세요.

한자어를 읽으면서 써 보세요.

天然(천연) : 사람이 손대지 않은 상태

天然	天然			
천　연	천　연			

自然(자연) : 저절로 그러함

自然	自然			
자　연	자　연			

空氣(공기) : 지구를 둘러싸고 있는 투명한 기체

空氣	空氣			
공　기	공　기			

世上(세상) : 사람들이 모여서 사는 사회

世上	世上			
세　상	세　상			

東海(동해) : 동쪽에 있는 바다

東海	東海			
동　해	동　해			

江山(강산) : 강과 산

江山	江山			
강　산	강　산			

天地(천지) : 하늘과 땅

天地	天地			
천　지	천　지			

지난 주에 배운 한자를 확인하는 곳입니다. 기억하지 못하는 한자가 있다면 확실히 외우도록 지도해 주세요.

7주차 되새김 7주차에서 배운 한자를 모두 기억하고 있나요? 문제를 풀며 확인해 보세요.

사다리를 타고 내려가 한자의 훈·음을 써 보세요.

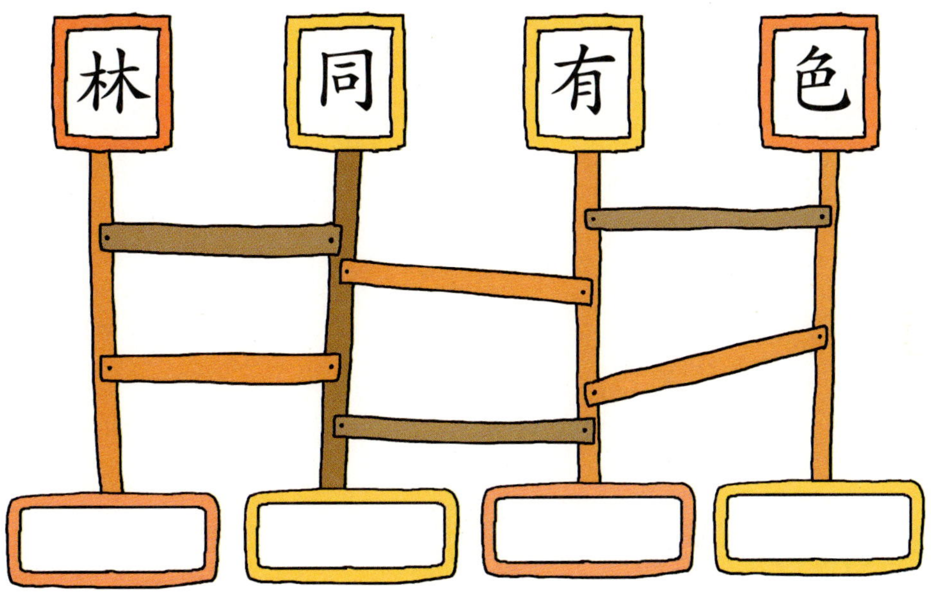

독음과 뜻에 알맞은 한자를 찾아 빈 칸에 써 넣어 한자 사전을 완성해 보세요.

보기

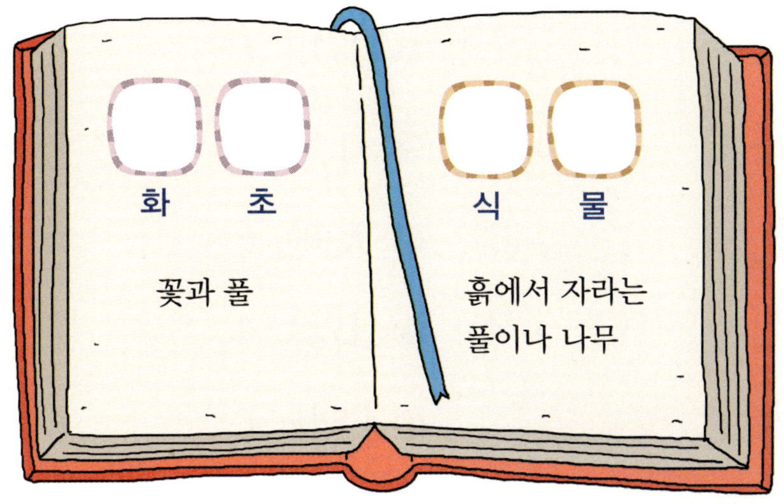

# 내 것만들기

1 다음 漢字(한자)의 訓(훈:뜻)과 音(음:소리)을 쓰세요.

> 보기
>
> 家 ➡ 집 가

❶ 然 (　　　　　)　　　❷ 自 (　　　　　)

❸ 世 (　　　　　)　　　❹ 天 (　　　　　)

❺ 地 (　　　　　)　　　❻ 海 (　　　　　)

❼ 氣 (　　　　　)　　　❽ 江 (　　　　　)

'工(장인 공)'에 '水(물 수)'
를 더하면 '물'과 관련된 뜻을
가진 '江(강 강)'이 됩니다.
❽江은 훈도 '강', 음도 '강'
이 되니 혼동하지 마세요.

2 다음 漢字語(한자어)의 讀音(독음:읽는 소리)을 쓰세요.

> 보기
>
> 東西 ➡ 동서

❶ 天然 (　　　　　)　　　❷ 土地 (　　　　　)

❸ 江山 (　　　　　)　　　❹ 山川 (　　　　　)

❺ 東海 (　　　　　)　　　❻ 自然 (　　　　　)

❼ 空氣 (　　　　　)　　　❽ 天地 (　　　　　)

❾ 世上 (　　　　　)　　　❿ 山林 (　　　　　)

⓫ 草木 (　　　　　)　　　⓬ 植物 (　　　　　)

'天(하늘 천)'과 '然(그럴
연)'이 합쳐져 '사람이 손대지
않은 상태'를 뜻하는 ❶天然
(천연)이라는 한자어가 됩니
다. 다른 한자어들도 뜻을 생각
하면서 문제를 풀어 보세요.

3 다음 訓(훈:뜻)과 音(음:소리)에 알맞은 漢字(한자)를 쓰세요.

> 보기
>
> 아들 자 ➡ 子

❶ 땅 지 　(　　　)　❷ 빌 공 　(　　　)

❸ 강 강 　(　　　)　❹ 내 천 　(　　　)

❺ 그럴 연 (　　　)　❻ 하늘 천 　(　　　)

❼ 기운 기 (　　　)　❽ 인간 세 　(　　　)

❾ 바다 해 (　　　)　❿ 스스로 자 (　　　)

4 다음 문장에서 밑줄 친 단어와 같은 뜻을 지닌 漢字(한자)를 〈보기〉에서 찾아 그 번호를 쓰세요.

> 보기
>
> ① 空　② 天　③ 自　④ 海　⑤ 地

❶ <u>하늘</u>에서 하얀 눈이 내렸습니다. 　　　 (　　　)

❷ 두더지는 <u>땅</u> 속에 굴을 파고 삽니다. 　　 (　　　)

❸ 부모님과 함께 <u>바다</u>로 여행을 갔습니다. 　 (　　　)

❹ 아침에 일어나 <u>스스로</u> 이불을 개었습니다. (　　　)

❺ 점심 시간인데도 식당은 텅 <u>비어</u> 있었습니다. (　　　)

5 다음 문장에서 밑줄 친 단어의 漢字語(한자어)를 〈보기〉에서 찾아 그 번호를 쓰세요.

> 보기
>
> ① 空氣　② 天地　③ 自然　④ 江山

❶ <u>자연</u>을 보호해야 합니다.　(　　　　)

❷ 시골은 <u>공기</u>가 참 좋습니다.　(　　　　)

6 다음 漢字(한자)의 상대 또는 반대 되는 漢字(한자)를 〈보기〉에서 찾아 쓰세요.

> 보기
>
> ① 山　② 地

❶ 天 ↔ (　　　　)

❷ 江 ↔ (　　　　)

7 다음 漢字語(한자어)의 뜻을 쓰세요.

❶ 東海 (　　　　　　　　　　)

8 天 ㉠ 획의 쓰는 순서를 아래에서 찾아 그 번호를 쓰세요. (　　　　)

① 첫 번째　② 두 번째　③ 세 번째　④ 네 번째

8급 배정 한자도 잊지 않게 꾸준히 학습시켜 주세요.

8급 시험에 나오는 한자들이에요. 필순에 맞게 써 보세요.

韓 나라 한	韓 나라 한						
白 흰 백	白 흰 백						
萬 일만 만	萬 일만 만						
王 임금 왕	王 임금 왕						
國 나라 국	國 나라 국						
民 백성 민	民 백성 민						
軍 군사 군	軍 군사 군						
人 사람 인	人 사람 인						

많아진 한자를 쓰는 것에 아이가 지루해 하지 않도록 용기를 북돋워 주세요.

이번 주에 배운 한자를 모두 써 보세요.

自	自					
스스로 자	스스로 자					

然	然					
그럴 연	그럴 연					

天	天					
하늘 천	하늘 천					

地	地					
땅 지	땅 지					

空	空					
빌 공	빌 공					

氣	氣					
기운 기	기운 기					

川	川					
내 천	내 천					

江	江					
강 강	강 강					

海	海					
바다 해	바다 해					

世	世					
인간 세	인간 세					

정답

7급 5주

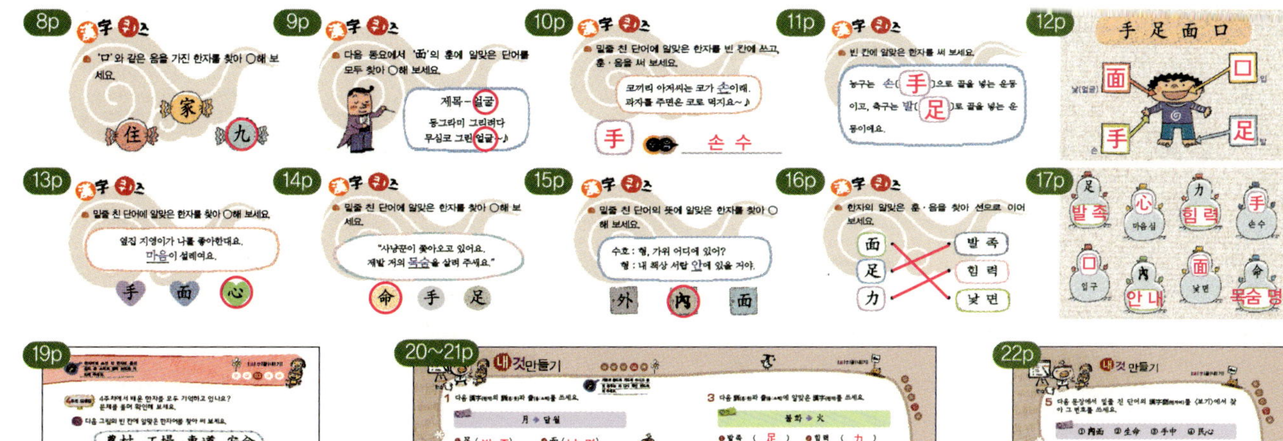

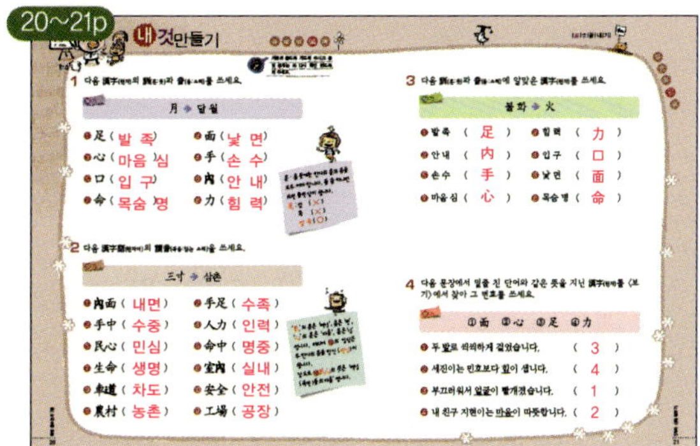

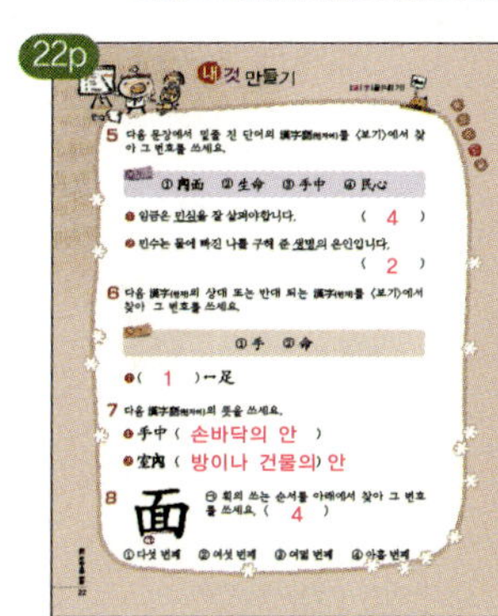

7급 6주

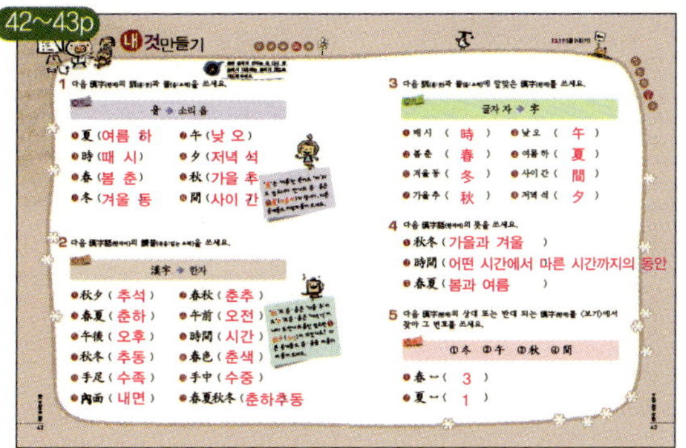

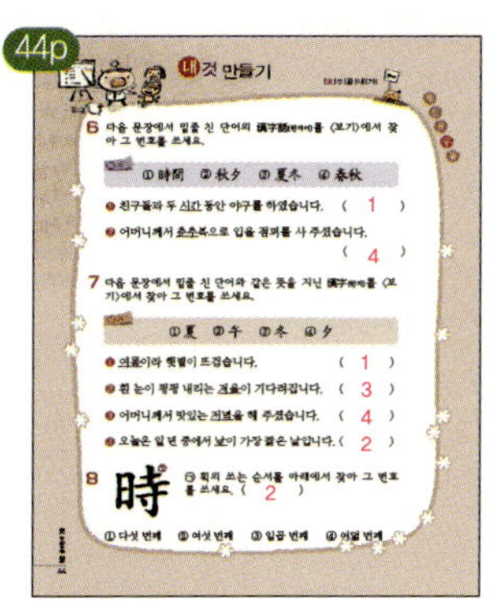

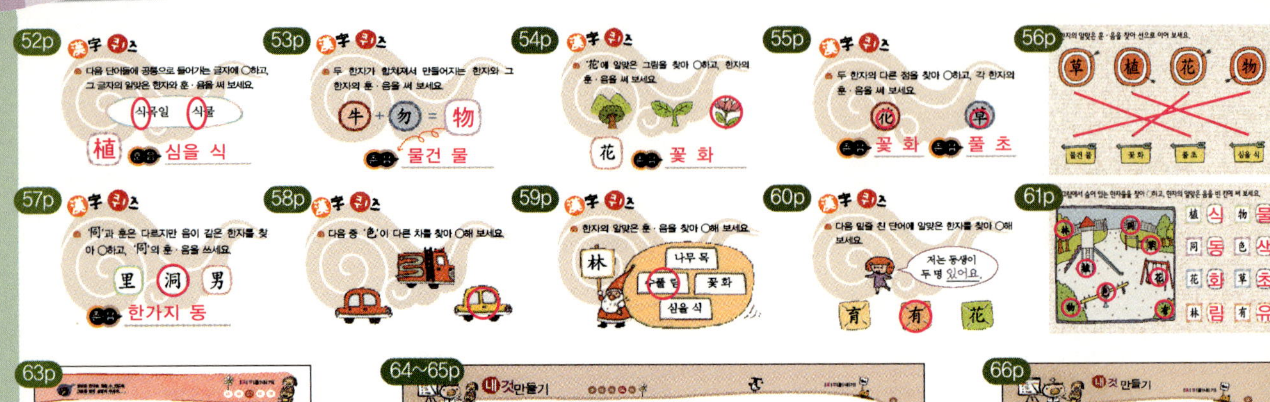

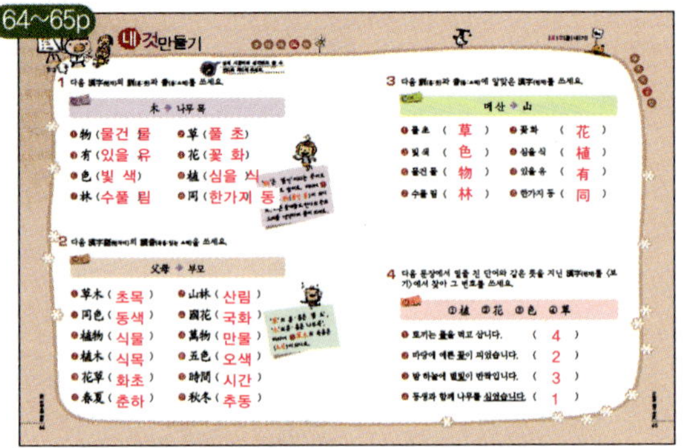
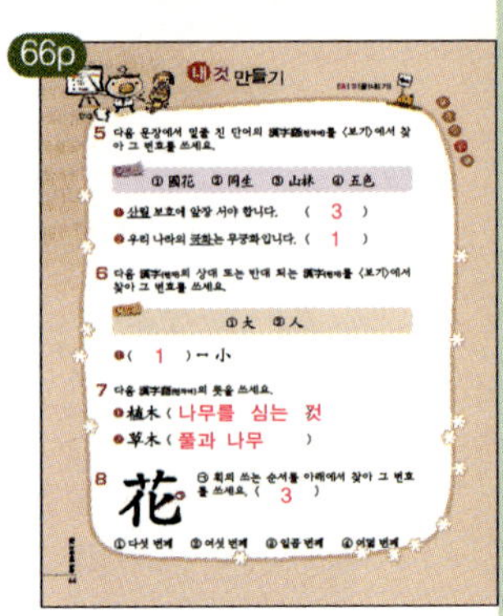

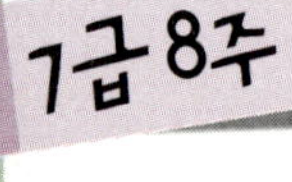

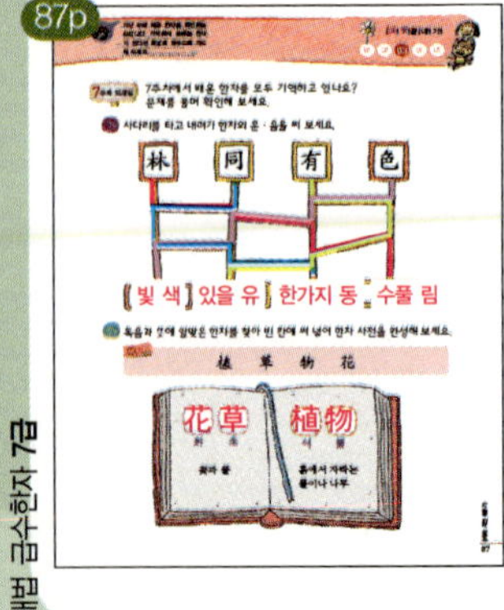
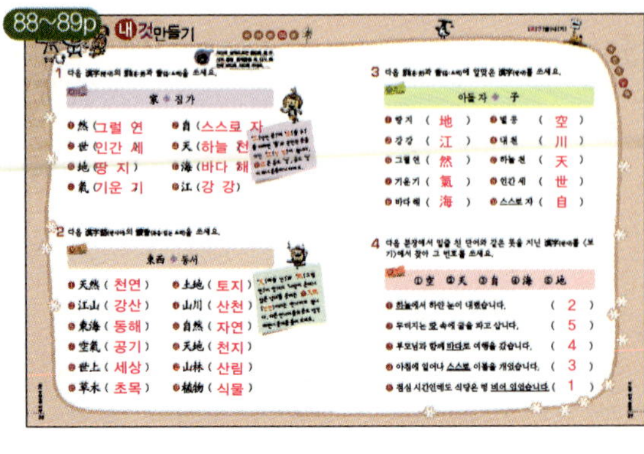
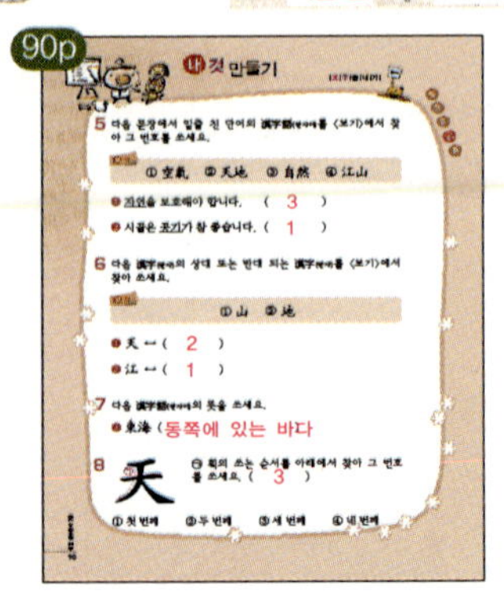

 **이럴 때는 이렇게 읽어요.**

不
아닐 **불/부**

‘不’의 바로 뒤에 오는 글자가 ‘ㄷ’이나 ‘ㅈ’일 경우에는 ‘부’라고 읽습니다.
예 不平(불평), 不足(부족)

便
편할 **편**
똥·오줌 **변**

‘便’은 ‘편하다’라는 훈으로 쓰일 때는 ‘편’이라는 읽고, ‘똥·오줌’이라는 훈으로 쓰일 때는 ‘변’이라고 읽습니다.
예 便安(편안), 便所(변소)

十
열 **십**

‘十’이 ‘十月’이라고 쓰일 때는 ‘시’라고 읽습니다.
예 七十(칠십), 十月(시월)

六
여섯 **륙**

‘六’이 한자어의 맨 앞에 올 때는 ‘육’, ‘六月’이라고 쓰일 때는 ‘유’, ‘五六月’이라고 쓰일 때는 ‘뉴’라고 읽습니다.
예 十六(십육), 六十(육십), 六月(유월), 五六月(오뉴월)

車
수레 **거/차**

‘車’는 ‘거’나 ‘차’라고 읽습니다.
예 車道(차도), 車主(차주), 人力車(인력거)

金
쇠 **금**
성 **김**

‘金’이 ‘쇠/금’이라는 훈으로 쓰일 때는 ‘금’이라고 읽고, 사람의 성을 나타낼 때는 ‘김’이라고 읽습니다.
예 金色(금색), 金江山(김강산)

白 흰 백
'흰' 머리에 상투가 있는 것을 나타냅니다.

百 일백 백
'白' 위에 일(一)을 더해 '일백'을 나타냅니다.

自 스스로 자
코의 모양을 본뜬 글자로 '스스로'를 나타낼 때 코를 가리키는 것을 나타냅니다.

門 문 문
'문'의 모양을 본뜬 글자입니다.

問 물을 문
문(門) 앞에서 입(口)으로 '묻는' 것을 나타냅니다.

間 사이 간
문(門) '사이'에 해(日)가 있는 것을 나타냅니다.

王 임금 왕
삼지창을 들고 있는 '왕'을 나타냅니다.

主 주인 주
이마에 점(丶)이 있는 '주인'을 나타냅니다.

住 살 주
주인 옆에 사람(亻)이 같이 '살고' 있는 것을 나타냅니다.

人 사람 인
왼쪽에 있는 '사람'이 더 키가 큰 것을 나타냅니다.

入 들 입
오른쪽 기둥이 긴 쪽으로 '들어가는' 것을 나타냅니다.

八 여덟 팔
물건을 반으로 잘라 가운데가 떨어져 있는 것이 '여덟'을 나타냅니다.

老 늙을 로
지팡이(匕)를 짚고 있는 '늙은' 사람을 나타냅니다.

孝 효도 효
아들(子)이 늙은 부모를 업고 '효도' 하는 것을 나타냅니다.

直 곧을 직
열(十) 사람의 눈(目)으로 지켜 보니 '곧은(直)' 일을 한다는 것을 나타냅니다.

植 심을 식
나무(木)를 곧게 '심는' 것을 나타냅니다.

每
매양 **매**

'매양' 비녀〔厶〕를 달고 다니는 어미〔母〕를 나타냅니다.

海
바다 **해**

매양 물〔氵=水〕이 흐르는 '바다'를 나타냅니다.

全
온전 **전**

아무것도 붙어있지 않은 '온전'한 상태를 나타냅니다.

金
쇠 **금** 성 **김**

쇠 조각 두 개〔丷〕가 붙어 있는 '쇠'를 나타냅니다.

同
한가지 **동**

그릇〔口〕과 뚜껑〔冂〕은 '한 가지'라는 것을 나타냅니다.

洞
고을 **동**

물〔氵=水〕이 흐르는 곳에서 함께 모여 사는 '고을'을 나타냅니다.

天
하늘 **천**

'大(큰 대)' 위에 'ㅡ(한 일)'을 더해 '하늘'을 나타냅니다.

夫
지아비 **부**

하늘〔天〕 위에 점〔丶〕이 있는 글자로 하늘보다 높은 '지아비(남편)'를 나타냅니다.

重
무거울 **중**

'무거운' 자루를 들고 있는 것을 나타냅니다.

動
움직일 **동**

힘〔力〕을 줘서 무거운 자루를 '움직이는' 것을 나타냅니다.

小
작을 **소**

'작은' 물건 세 개가 있는 것을 나타냅니다.

少
적을 **소**

물건 네 개는 너무 '적다'는 것을 나타냅니다.

寸
마디 **촌**

손가락 '마디'에 찍힌 점〔丶〕을 나타냅니다.

村
마을 **촌**

'마을'에 있는 나무〔木〕를 손가락 마디로 가리키는 것을 나타냅니다.

車
수레 **거/차**

'수레'의 모양을 나타낸 글자입니다.

軍
군사 **군**

모자〔冖〕를 쓰고 있는 '군사'를 나타냅니다.

한자의 훈과 음을 큰 소리로 읽으며 필순에 맞게 써 보세요.

口 입 구 (口부, 총 3획)					

面 낯 면 (面부, 총 9획)					

手 손 수 (手부, 총 4획)					

잠깐 확인 한자의 훈·음을 빈 칸에 쓰고 한자어를 읽어 보세요.

口	入口(입구) 出口(출구)
面	內面(내면) 水面(수면)
手	手中(수중) 手話(수화)

한자의 훈과 음을 큰 소리로 읽으며 필순에 맞게 써 보세요.

足					
발 **족** (足부, 총 7획)					

心					
마음 **심** (心부, 총 4획)					

命					
목숨 **명** (口부, 총 8획)					

잠깐 확인 한자의 훈·음을 빈 칸에 쓰고 한자어를 읽어 보세요.

足		手足(수족)　不足(부족)
心		中心(중심)　民心(민심)
命		生命(생명)　命中(명중)

한자의 훈과 음을 큰 소리로 읽으며 필순에 맞게 써 보세요.

內				
안 내 (入부, 총 4획)				

力				
힘 력 (力부, 총 2획)				

春				
봄 춘 (日부, 총 9획)				

잠깐 확인 한자의 훈·음을 빈 칸에 쓰고 한자어를 읽어 보세요.

內		室內 (실내) 市內 (시내)
力		氣力 (기력) 人力 (인력)
春		春色 (춘색) 立春 (입춘)

한자의 훈과 음을 큰 소리로 읽으며 필순에 맞게 써 보세요.

夏 여름 하 (夂부, 총 10획)					
秋 가을 추 (禾부, 총 9획)					
冬 겨울 동 (冫부, 총 5획)					

잠깐 확인 한자의 훈·음을 빈 칸에 쓰고 한자어를 읽어 보세요.

夏		立夏(입하) 春夏(춘하)
秋		秋夕(추석) 春秋(춘추)
冬		立冬(입동) 春夏秋冬(춘하추동)

🥬 한자의 훈과 음을 큰 소리로 읽으며 필순에 맞게 써 보세요.

時					
때 **시** (日부, 총 10획)					

間					
사이 **간** (門부, 총 12획)					

午					
낮 **오** (十부, 총 4획)					

잠깐 확인 한자의 훈 · 음을 빈 칸에 쓰고 한자어를 읽어 보세요.

時		同時(동시)　時間(시간)
間		人間(인간)　年間(연간)
午		午前(오전)　午後(오후)

한자의 훈과 음을 큰 소리로 읽으며 필순에 맞게 써 보세요.

夕					
저녁 석 (夕부, 총 3획)					

植					
심을 식 (木부, 총 12획)					

物					
물건 물 (牛부, 총 8획)					

잠깐 확인 한자의 훈·음을 빈 칸에 쓰고 한자어를 읽어 보세요.

夕		夕食(석식)　　七夕(칠석)
植		植物(식물)　　植木日(식목일)
物		動物(동물)　　萬物(만물)

한자의 훈과 음을 큰 소리로 읽으며 필순에 맞게 써 보세요.

花 꽃 화 (艹(++)부, 총 8획)					

草 풀 초 (艹(++)부, 총 10획)					

同 한가지 동 (口부, 총 6획)					

잠깐 확인 한자의 훈·음을 빈 칸에 쓰고 한자어를 읽어 보세요.

花		校花(교화) 國花(국화)
草		草木(초목) 草家(초가)
同		同生(동생) 同姓(동성)

한자의 훈과 음을 큰 소리로 읽으며 필순에 맞게 써 보세요.

色					
빛 **색** (色부, 총 6획)					

林					
수풀 **림** (木부, 총 8획)					

有					
있을 **유** (月부, 총 6획)					

잠깐 확인 한자의 훈·음을 빈 칸에 쓰고 한자어를 읽어 보세요.

色

林

有

色紙(색지)　春色(춘색)

山林(산림)　育林(육림)

有名(유명)　所有(소유)

🥬 한자의 훈과 음을 큰 소리로 읽으며 필순에 맞게 써 보세요.

自					
스스로 자 (自부, 총 6획)					
然					
그럴 연 (火(灬)부, 총 12획)					
天					
하늘 천 (大부, 총 4획)					

잠깐 확인 한자의 훈·음을 빈 칸에 쓰고 한자어를 읽어 보세요.

自		自動(자동)　自主(자주)
然		自然(자연)　天然(천연)
天		靑天(청천)　天地(천지)

한자의 훈과 음을 큰 소리로 읽으며 필순에 맞게 써 보세요.

地					
땅 지 (土부, 총 6획)					

空					
빌 공 (穴부, 총 8획)					

氣					
기운 기 (气부, 총 10획)					

잠깐 확인 한자의 훈·음을 빈 칸에 쓰고 한자어를 읽어 보세요.

地

空

氣

土地(토지)　地方(지방)

空白(공백)　空中(공중)

氣力(기력)　空氣(공기)

한자의 훈과 음을 큰 소리로 읽으며 필순에 맞게 써 보세요.

川
내 천
(巛(川)부, 총 3획)

江
강 강
(水(氵)부, 총 6획)

잠깐 확인 한자의 훈·음을 빈 칸에 쓰고 한자어를 읽어 보세요.

川
山川(산천)   大川(대천)

江
江南(강남)   江山(강산)

한자의 훈과 음을 큰 소리로 읽으며 필순에 맞게 써 보세요.

海 바다 해 (水(氵)부, 총 10획)					

世 인간 세 (一부, 총 5획)					

잠깐 확인 한자의 훈·음을 빈 칸에 쓰고 한자어를 읽어 보세요.

海		海外(해외)　東海(동해)
世		世上(세상)　後世(후세)

한자어를 큰 소리로 읽으며 써 보세요.

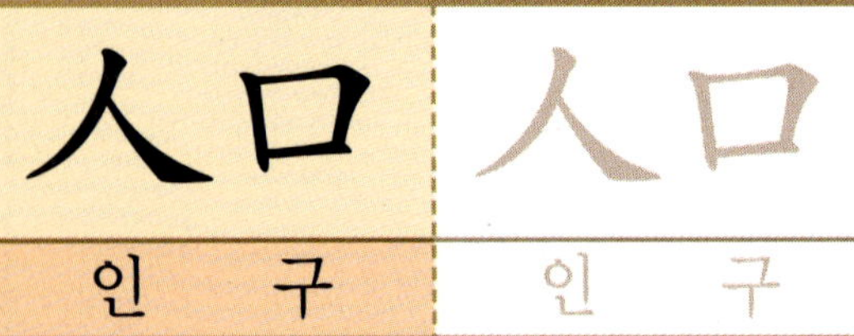
人口 人口 인구 인구

內面 內面 내 면 내 면

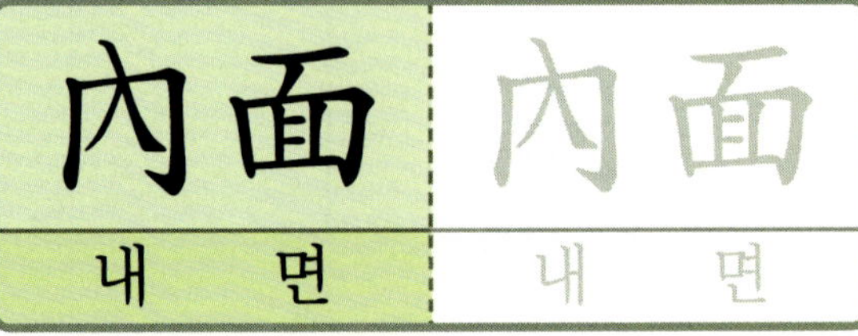
水面 水面 수 면 수 면

手中 手中 수 중 수 중

手足 手足 수 족 수 족

不足 不足 부 족 부 족

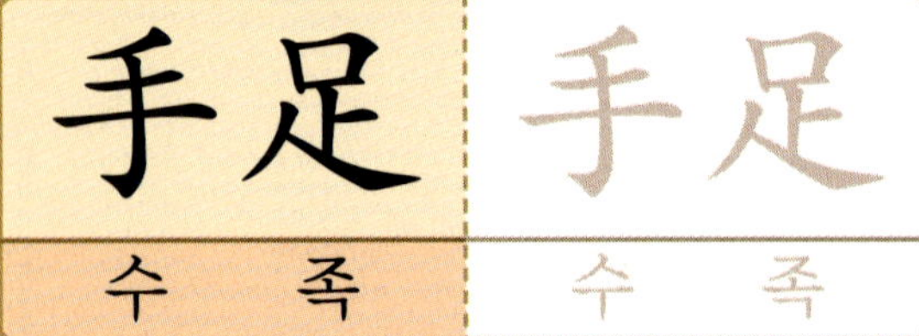
中心 中心 중 심 중 심

民心 民心 민 심 민 심

生命 生命 생 명 생 명

室內 室內 실 내 실 내

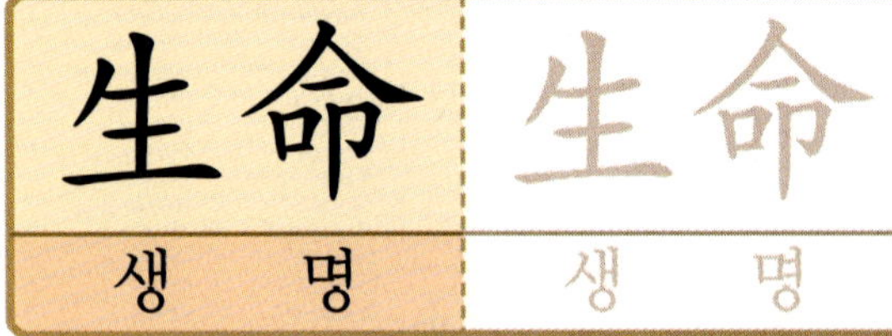
人力 人力 인 력 인 력

春色 春色 춘 색 춘 색

한자어를 큰 소리로 읽으며 써 보세요.

春夏秋冬	春夏秋冬
춘 하 추 동	춘 하 추 동

秋夕	秋夕	春秋	春秋
추 석	추 석	춘 추	춘 추

時間	時間	同時	同時
시 간	시 간	동 시	동 시

人間	人間	午前	午前
인 간	인 간	오 전	오 전

植物	植物	萬物	萬物
식 물	식 물	만 물	만 물

植木	植木	草家	草家
식 목	식 목	초 가	초 가

한자어를 큰 소리로 읽으며 써 보세요.

花草 화초	花草 화초	山林 산림	山林 산림
自然 자연	自然 자연	空氣 공기	空氣 공기
所有 소유	所有 소유	天然 천연	天然 천연
江山 강산	江山 강산	土地 토지	土地 토지
國花 국화	國花 국화	草木 초목	草木 초목
世上 세상	世上 세상	東海 동해	東海 동해